Mientras tanto

@caricias_emocionales

Nekane González

Primera edición: febrero 2020

ISBN: 978-84-17938-09-3
Depósito legal: M-40353-2019

muevetulengua.com

A ti,
que tienes la valentía de mirarte en el espejo
y no retirar la mirada.

Aunque duela.

Me gustan las personas que tienen
que luchar por obtener algo.
Las que, teniéndolo todo en contra, salen adelante.
Esta es la gente que me fascina:
la gente fuerte

Isabel Allende

Mientras tanto es un nuevo viaje en el que todo puede suceder, un lugar donde del dolor solo quedan restos de aprendizaje y una oportunidad que se abre ante ti para vivir en primera persona. Es un espacio para lo importante: poder ser tú misma, aprender de los errores, hacer las paces con tu pasado y cambiar el guion de aquello que no te hace feliz.

A través de estas letras encontrarás diferentes formas de rehacer tu vida y otras tantas de evitar echar a perder todo el camino que has avanzado: un recorrido de los errores más habituales que cometemos al querer a otros y al querernos a nosotras mismas.

Porque lo difícil de empezar es hacerlo de nuevo.
Con todo el amor propio que conlleva.

Este libro es una invitación a mirarte cara a cara frente al espejo y mantener la mirada con valentía.

Aunque duela.

Parada 1

Con la herida cerrada

CARTA
a ti

La fortaleza no es la fuerza que se tiene para evitar la caída,
sino la fuerza con la que una se levante tras ella

¡Hola!

Si leíste *Aunque duela* ya nos conocemos de antes y me alegra estar, de nuevo, cerca de ti. Eso significa tantas cosas bonitas como oportunidades nuevas tienes a partir de ahora por delante. Gracias por llegar y quedarte hasta el final. Gracias, una vez más, por regalarme un trocito tan importante de ti: tu confianza.

Si no nos conocemos de antes, ¡encantada! Gracias por hacerme un hueco aquí, contigo. No sé tu historia, pero estoy segura de que, al igual que todas, te gustaría sentirte comprendida, saber que aquello que te pasa no es tan *raro* o, sencillamente, encontrar una mano amiga en el momento que más lo necesitas. Sea como fuere, ¡bienvenida! Haz estas letras tuyas, ponte cómoda y ve a tu ritmo porque aquí estás a salvo: **esto es casa.** Yo, *mientras tanto*, me quedo cerca.

En esta ocasión, tenemos un nuevo viaje por delante y, al igual que el anterior, no nos dejará indiferentes, porque, si tras una ruptura ya nada es lo mismo, cuando comienzas a cuidarte y quererte bien, algo muy importante se transforma dentro de ti.

La vida son ciclos, unas veces arriba, otras abajo, pero siempre en movimiento. Hay temporadas que se convierten en una auténtica montaña rusa, sin embargo, no es muy recomendable vivir con la sensación de subidas y bajadas constantes porque viviríamos con un verdadero *mareo emocional*. Por tanto, se trata de asumir que esto va de vivir lo mejor posible y supongo que pasa por aceptar los días buenos, los días malos, los imprevistos, las malas rachas, los errores, los aciertos, las sorpresas bonitas que aparecen, los cambios de rasante que encontramos, los sueños cumplidos, aquellos que intentamos pero no alcanzamos y, en definitiva, todos los momentos que nos depare el camino que tenemos por delante, que, venga como venga, conviene de la forma en la que suceda.

Aceptar será la palabra que nos acompañará en la maleta durante este viaje: será la **bisagra que ayudará a cerrar todas las puertas que necesitamos, por fin, cerrar, y aquella que abrirá todas las puertas que aún nos quedan por abrir de par en par y hacia adentro.** Y, a partir de entonces, aparecerá ante ti la oportunidad de empezar a **valorarte**, de darte el lugar que mereces y de **creerte merecedora de cosas buenas**, sencillamente, por el simple hecho de ser tú misma.

Te propongo un viaje diferente que dura toda la vida. Un **viaje de ida** que, si bien no es fácil, podemos hacer que sea más sencillo sin la extraña costumbre de complicar su transcurso con demasiados problemas y dificultades añadidas. Porque **no se trata de viajar por viajar, sino de hacerlo a tu manera; no se trata de llegar al final del camino como sea, sino de hacerlo feliz y habiendo disfrutado al máximo, y mientras tanto, de la libertad de ser una misma.**

Aviso a viajeras:

NO ES FÁCIL

La mayoría de las personas prefieren cortar el hilo que une el corazón con la cabeza porque es más fácil convivir con la vida. Sin embargo, ponerse enfrente del espejo no es tarea sencilla y, en muchas ocasiones, tampoco agradable. Si el duelo era doloroso en intensidad, este viaje no será un camino de rosas: consistirá en un trasbordo que va de la intensidad y cantidad, a la profundidad y calidad.

Ojalá te dejen

Sí, sí. Has leído bien. **Ojalá te dejen.**

Y es que, injustamente, **relegamos la tarea más importante de todas para cuando no nos queda más remedio. Empezamos a querernos cuando alguien deja de hacerlo.** Solemos valorar nuestra autoestima cuando atravesamos una ruptura o alguien decide dejar de compartir con nosotras su día a día. A partir de ese momento empiezas a cuidarte más, a mirar más por ti, a escuchar tus necesidades, a darte permiso para disfrutar y ser feliz… y una larga lista que seguro habrás vivido en primera persona porque, una vez pasas por una ruptura en toda regla, ya nada es lo mismo.

Si has hecho bien tu proceso de duelo, claro. De lo contrario, andarás dando tumbos aún, pensando qué pudo pasar, acallando aquello que en realidad sientes y poniendo en *stand by* tu vida por mirar hacia otro lado. Sé que a veces es más fácil hacerlo así, sin embargo, esta actitud lo único que hace es aplazar tu vida. Y qué injusto para ti misma, ¿no crees? **Que una persona haya decidido poner fin a vuestra relación, no significa que tengas que privarte del derecho a vivir tu vida**.

¿Cuántas locuras has hecho *por amor*?

...y por **amor propio?**

(Cri, cri, cri...)

¿Creías que ya se había terminado todo?
¡No! Ahora comienza lo bueno:
es hora de rehacer, de verdad, tu vida.

Ha pasado ya un tiempo desde que pensabas que el mundo se terminaba, que tu vida no tenía sentido y demás dramatismos. Lo bueno del tiempo es que, si bien no todo lo cura, por sí solo, algo te ayuda. Y lo hace de una forma preciosa: te ajusta las dioptrías emocionales que una ruptura te descoloca. Es decir: **comienzas a ver de una forma más clara y más «tú». Aquello que pensabas que era lo peor que te había pasado en la vida se convierte, en algunos casos, en lo mejor que pudo ocurrirte.** Y es que **renacer no es tarea fácil.** Duele mucho y, como todo cambio, supone dejar atrás algo para abrir paso a algo diferente. Nuevo. *Gloria bendita*, vamos.

En estos momentos, aunque creas que ya todo está bien y que tu corazón está totalmente recuperado, tengo malas noticias: **tras una ruptura existen efectos secundarios.** Pueden existir muchos, sin embargo, uno de ellos es tremendamente importante ya que determinará tu bienestar, tu felicidad y el modo en el que vives tu vida: **tu autoestima.**

Y es que, tras una ruptura, es totalmente lícito y normal poner en duda alguna parte de tu valía personal porque alguien que *aparentemente* te conoce bien, ha decidido *dejarte.* Seguir buscando motivos, culpables o información sobre qué ha fallado en ti misma para que haya ocurrido solo te servirá para una cosa: **perder el tiempo.** Déjame recordarte que cuando ocurre algo que no entiendes en este contexto, tratar de buscar un entendimiento es en vano. A veces, lo más importante es sencillamente **aceptar las cosas como son, no darle más vueltas y continuar tu camino. Hacia delante.**

Superar la fase de la aceptación del duelo no significa que ya todo esté recolocado y que estés maravillosamente bien. De hecho, ahora, justo en este punto del viaje, **tu vulnerabilidad puede estar a flor de piel.**

Por fin respiras y miras hacia delante y **casi** puedes ver la luz al final del túnel. Tras la parada de la aceptación has cogido tus maletas con todos los aprendizajes de este proceso de duelo y has hecho trasbordo a tu nueva vida, pero…

¿Y AHORA QUÉ?

Pues ahora toca tirar *pa'lante,* con toda la vulnerabilidad que conlleva salir de una ruptura. En este camino es probable que encuentres bastantes obstáculos; unos externos y otros internos.

Lo difícil no es empezar. Lo difícil es hacerlo de nuevo.

La mayoría de lo que vas a leer no es fácil. En ocasiones, es más sencillo de lo que pensamos. Pero no es fácil. Si lo fuera, todos tendríamos una gran autoestima, sabríamos qué hacer en cada momento y seríamos felices.

Pero no nos engañemos: la vida no es perfecta. Nos equivocamos más veces de las que nos gustaría, pero también **acertamos más veces de las que pensábamos cuando nos damos la oportunidad de intentarlo.**

Ha llegado el momento de **perdonar y perdonarse; de agradecer y agradecerse,** pues son los mejores actos que rinden homenaje a la más profunda de nuestra esencia: nuestra autoestima.

Bienvenida a este nuevo viaje:
«Mientras tanto» es el **gerundio de la vida.**

Es movimiento, es fluir, es continuar,
es vivir hacia delante.
Es la oportunidad que te debes desde hace tiempo, que, sin darte cuenta, la has ido regalando al resto.

Es tu tiempo, tu momento, tu oportunidad.
Es el momento de hacerlo bien.

Y aunque la vida tenga sus propios planes,
tú,

mientras tanto,

vívela como nunca:
en primera persona.

Vívela como siempre:
libre, valiente y capaz.

Te espero, como siempre, en la siguiente parada.
Ánimo, amiga.

A lo largo del viaje me gustaría recordarte todo aquello que, a pesar de ser obvio, se nos olvida por el camino. Quizá por eso, porque lo damos por hecho, le restamos importancia y lo olvidamos en alguna esquinita de la rutina.

Olvidando que, en lo cotidiano, en lo más sencillo y en las pequeñas cosas es donde reside la grandeza de la vida.

Así que, querida amiga, tanto si lo crees como (sobre todo) si no lo haces, a partir de hoy este será tu derecho más importante y el aprendizaje más bonito una vez abras los ojos, unas los puntos y encuentres la manera:

Eres capaz y merececes ser feliz

CARTA A MI «*yo*» del pasado

Admiro tu valentía. La forma que tuviste de convertir el dolor en fortaleza, el miedo a la vida en ganas de vivir y tu «zona cero» en un lugar habitable.

Perdiste casi todo lo que puede perderse cuando pierdes lo más importante de todo. Quizá porque no viste a tiempo que es necesario perder a personas para recuperarte a ti misma. O, sencillamente, para no echarte a perder. Más aún, si cabe.

Perdiste, pero supiste ganar. Recuperaste aquello que desapareció tras el paso de algunas personas por tu vida: el peso, la salud, la dignidad, el amor propio y la sonrisa.

Si me dieran a elegir, habría escogido otra forma muy diferente de sufrir, de entre todas las que existen. Pero ya sabes que, en la vida, a veces, hay situaciones que se escapan no solo de nuestro control, sino de nuestro entendimiento. Y créeme si te digo que, aunque siga sin entenderlo, siento que tuvieras que pasar por todo aquello para resurgir y cederme el testigo de la vida.

Lo siento, como disculpa y como sentimiento: resuena tan lejos hoy que apenas me llega el eco ajeno de aquel dolor. Solo veo a mi alrededor las consecuencias de quien perdiéndolo todo, cogió las riendas de su vida y se dispuso a vivir como si no hubiera un mañana. Porque, en realidad, no supo que lo había hasta que decidió vivir.

Aquello que ayer te rompió es lo que hoy mueve tu valentía. Y no puedo estar más orgullosa de ti, pues ahora soy quien soy gracias a quien fuiste.

Admiro tu fortaleza, porque cuando quisiste irte hiciste algo que pocas personas hacen: QUEDARSE.

Gracias por hacerlo.
Gracias por pasarme el testigo.
Gracias por darme la lección de vida más importante de la mía.
Gracias por darme una segunda oportunidad.
Prometo agarrarme a ella.
Por ti.
Por mí.
Por nosotras.

Con cariño,

para mi «yo» del pasado.

Déjame que te *cuente*

Solo tú

Tengo una mala noticia: es hora de espabilar. Ya no valen las excusas, la mala suerte o el «es que todo me pasa a mí». En ninguna de las esferas de la vida vas a tener «suerte» hasta que no caigas en la cuenta de que la mayor fortuna que tienes ahora mismo es que estás viva. Que tu mayor suerte eres tú misma y que del modo en que te trates, así van a tratarte los demás. Sin más.

Y es que, a estas alturas, ya no vale quejarse. Porque existen muchas situaciones dolorosas e injustas, pero llega un momento en el que toca espabilar. Coger el toro por los cuernos. O el timón. O las riendas. O, básicamente, el control de tu vida. Llámalo como quieras, pero lo cierto es que llega un día en el que te cansas de tonterías (ajenas y propias) y decides crear una especie de línea alrededor de tu existencia: un espacio en el que ser «dueña y señora», un espacio donde solo tú tienes el control y el deber de ser sumamente selectiva en lo que dejas entrar en tu vida y lo que no. Aquello que recibes con los brazos abiertos y alfombra roja porque «tú lo vales», y aquello que «*contigonobicho*», porque no te lo mereces o ya tuviste suficiente.

No te demores en trazar esa línea. Cada día que pasa pierdes una oportunidad de celebrar la libertad que supone delimitar la frontera entre aquello que quieres y aquello que no. Recuerda que no eres ni tus miedos, ni la opinión de los demás, ni tu pasado. Se acabó eso de vivir a medias y de cumplir expectativas ajenas. Que hablen, que digan, que comenten. Tú, mientras tanto, vive tu vida. A tu manera y como te dé la gana.

Sé tú misma a pesar de que el resto quiera conseguir lo contrario.
No pierdas tu esencia por ayudar a otros a encontrar la suya.
No te quedes en el camino por intentar que otros encuentren el suyo.
Jamás apagues tu luz para hacer brillar más a otra persona.

Recuerda que tú eres tú y, hasta que se demuestre lo contrario, eres la única persona capaz de sacar la mejor versión de ti.

Quiérete mucho y bien. Con la fuerza de los mares. Como si te fuera la vida en ello. Como si tu felicidad y amor propio dependieran exclusivamente de ti, porque, querida amiga, ¿sabes un secreto?

Tu felicidad y amor propio dependen exclusivamente de ti.

Con todo

No sé quién te hizo tanto daño como para no ver cuánto vales y el brillo tan bonito que tienes.

Tampoco sé en qué herida dejaste de creer que no merecías que todo lo bueno entrara en tu vida.

No sé cuál fue la última lágrima que colmó tu vaso y te hizo bajar los brazos.

Tampoco sé quién o qué te hizo pensar que ponerte a salvo era un gesto de egoísmo y no de amor propio.

No sé tu historia, pero sé que todos estamos hechos de pedacitos de muchas de ellas y que, con total seguridad, siempre algo o alguien nos dolerá en el lado izquierdo del pecho.

Pero…

También sé que, al igual que todos, sin excepción, mereces ser feliz.

Y caer, levantarte, arriesgar, equivocarte, disfrutar, reír, soñar.

Dejarte cuidar, querer y ayudar.

En definitiva, vivir la vida que deseas.

En primera persona.

Con más de aquello que sí y con menos de aquello que no.

Sin peros.

Con todo.

Confía

No sé si todo pasa para algo, por algo o con intenciones de algo. Desconozco si existe el *karma*, un universo que «conspira» a favor de «*nosequién*» o alguien que mueva los hilos para que ocurra esto o aquello.
Lo que sí tengo claro es que, pase lo que pase, estás a tiempo de todo y tienes derecho a empezar de cero tantas veces necesites.

No permitas que nadie coloque sobre ti miedos ajenos y te diga que rehacer tu vida tiene fecha de caducidad o un número limitado de oportunidades, porque cada día se abre ante ti un inicio nuevo para construir aquello que te dé la gana.

Renuncia a todos los mensajes que te recuerden que en el pasado algo salió mal o saliste herida, porque, sin excepción, todos tenemos derecho a equivocarnos, rectificar y volver a confiar.

A estas alturas ya sabes qué quieres, aquello que te hace feliz y todo lo que necesitas. Solo queda el paso más importante: no te lo niegues.

Retoma las riendas de tu vida, vuelve a ser la protagonista de ella y recuerda que estás a tiempo de todo.

De absolutamente todo.

Confía, confía, confía.

Confía y empieza de nuevo todas las veces que sea necesario hasta que sientas que estás donde quieres estar y, al fin, eres feliz.

Lo mejor de ti

Supongo que ya lo sabes, pero déjame recordarte algo: dar lo mejor de ti misma en todo momento es la manera más bonita de asegurarte una conciencia tranquila cuando eches la vista atrás. Aunque no hayas sido correspondida como mereces.

Sí, existen personas que cambian de golpe el guion de tu vida e incluso situaciones que, a pesar de no acercarse a aquello que mereces, ocurren para dejar tu vida más desordenada de lo que te gustaría. Sin embargo, todo ello supone una incómoda pero preciosa oportunidad para empezar a valorar lo importante.

A ti misma, por ejemplo.

Me encantaría decirte eso de *«todo pasa»* y demás frases hechas que suelen decirse para animar a quien atraviesa un mal momento. Pero lo cierto es que no es tan sencillo como decir una frase de aliento, porque la vida está llena de dificultades que no se salvan a golpe de palabras.

Puede que ahora mires a tu alrededor y veas más espacio del que te gustaría o que el eco de algunos recuerdos suene molesto, feo o injusto.
Pero, eh.
Lo diste todo.

Y ante eso, nadie puede pedirte explicaciones y nada puede salir mal.

Cuando das lo mejor de ti, solo puede ocurrir una cosa: que las personas afines a ti se sumen a tu lucha y a tu vida, y que aquellas que no lo son salgan de ella.

Porque la única forma de dejar espacio a lo importante y rodearte de personas como tú es, sencillamente, ser tú misma.

Y, entre tanto, aprender a reconocer a lobos con piel de cordero, corderos con piel de lobo… y personas que se dejan la piel por ti.

Vete

Vete. Márchate. Aléjate. Parte todo lo lejos que necesites y empieza de nuevo.

Pero déjame decirte algo: no tires la toalla sin antes haberlo intentando. Hacerlo sería lo sencillo y tú no eres de las que se rinden fácilmente.

El corazón a veces necesita una nueva oportunidad para aprender, para rectificar, para sacar lo mejor de sí mismo. Y, quien dice corazón, dice personas. Y, quien dice personas, dice aquella con la que decides compartir tu vida.

Valora lo que tienes. Con frecuencia (y rutina), nuestra visión se vuelve selectiva y tiñe de oscuro aquello en lo que un día hubo luz. Añade esperanza; ese «poquito más» como actitud de vida cuando las cosas empiecen a torcerse.

Perdona como hacen los niños y repara lo roto a la antigua, porque no existe mejor modo de construir que creer que, aquello que hoy es de una manera, mañana podrá tener forma diferente con un poco de paciencia, amor y confianza.

Vete.

Márchate.
Aléjate.

Parte todo lo lejos que necesites y empieza de nuevo.
Pero no sin antes haberlo intentado.

Porque será la única forma de evitar las dudas en momentos de debilidad, el incómodo «¿Y si…?» en los instantes de tristeza y la sensación de arrepentimiento cuando, inevitablemente, eches la vista atrás.

Poco a poco

Tú y yo sabemos qué significa la palabra decepción. No es necesario buscarlo en el diccionario porque, de alguna forma, está en nuestro corazón.

En todo lo vivido, escuchado y prometido.

Sí, es triste y duele. Quitarse la venda siempre duele, pero libera.

No te culpes por confiar. A veces, las personas hablan mucho, pero hacen poco. Y no es tu culpa.

Vete tú a saber las razones por las que te dijeron que iban a hacer mil cosas que luego no cumplieron. Las promesas que nunca llegaron. Los cambios prometidos que jamás viste. Las incoherencias entre su palabra y la realidad. Los «yo nunca haría esto» que, finalmente, se convierten en un giro de guion y un jarro de agua fría. O, incluso, las palabras escondidas a tus espaldas que se clavan como puñales.

Da igual ya.

La decepción supone un lastre demasiado pesado como para cargarlo cada día dentro de ti. Y, después de todo, ¿no crees que es demasiado injusto caminar con algo tan pesado cuando eres tan libre como tu libertad te permita?

Buscar las razones no está en tu mano, no creo que vaya a aliviar tu decepción y, además, puedes caer en algo peligroso: justificar lo injustificable.

Da igual ya.
Sea lo que sea, ya pasó.

Sin embargo, sí hay algo que puedes hacer: procura pensar dos veces en quién vuelves a depositar tu confianza. No con la intención de desconfiar (el mundo tampoco tiene la culpa de tu pasado), sino con la de darle a la palabra «confianza» la importancia tan grande que tiene, y no ofrecerla con la misma ligereza con la que solemos perderla.

De cero a cien, pocas cosas suelen salir bien.

La confianza se gana.
Poco a poco.
Hecho a hecho.

Y ya, luego, si acaso, palabra por palabra.

Pasar página

Es raro cómo alguien que antes aceleraba tu corazón ahora te haga sentir indiferencia.

Es extraño recordar cuántos planes de futuro tenías y, cuando llega ese futuro que es hoy, no echas en falta nada porque todo está en su lugar.

Es increíble que donde antes había lágrimas, ahora solo haya calma.

Es raro, pero bonito.

Enhorabuena:
has pasado página.

En ocasiones,
unos días malos
se convierten en
la antesala
del resto de
todos los días
buenos de tu vida.

Con-sentimiento informado

A veces necesitamos un tropiezo que nos impulse hacia adelante con más fuerza.

Para valorar lo inevitable de algunas caídas y la valentía de levantarse tras ellas.

Para, una vez arriba, entender que aquello que más duele de tropezarse no es encontrarse con una piedra, sino mantenerla en tu camino para volver a tropezar con ella.

A veces es difícil.
Lo sé.

Pero es necesario protegerse y alejar todo aquello que nos hace daño.

Y eso tienes que hacerlo tú.

Porque, en ocasiones, lo más doloroso del daño no es quien lo hace, sino quien lo permite.

Una y otra vez.

Nadie como yo

No sé tú, pero yo a veces no me lo creo. Hay días en que echo la vista atrás y no me creo cómo he podido llegar hasta aquí. No sé cómo pude superar algunas situaciones y, a pesar de no haber podido salvar todas las zancadillas y obstáculos, salir adelante como lo hice. Unas veces, de manera desastrosa. Otras, como humanamente pude. Y la mayoría, intentando aprender a ser valiente con el miedo temblando en cada rincón de mi cuerpo. Y de mi vida.

A veces lo pienso y no sé cómo lo hice.

Pero aquí estoy.

Y, después de todo, lo único que sé es que, si bien el dolor es mío, mi felicidad también.
Quizá por esto la única certeza que tengo es que en mi vida mando yo y nunca nadie va a salvarme ni a cuidarme como yo misma.

Y, ¿sabes qué?
Que menos mal.

Y que nunca más se me olvide.

Me lo prometo.

Todo lo que ya no duele

Este año he aprendido que al igual que hay personas que se van, otras llegan para quedarse y arrasar a golpe de cariño con el dolor. Que nadie se muere por nadie si no permites que te maten y que si duele o hace daño no fue ni será jamás amor. Que a veces lo ves todo oscuro porque otras personas apagan tu brillo y solo descubres cuánto vales cuando consigues alejarte de ellas.

Que donde hay rencor no hay espacio para la felicidad, y por eso ahora lo ocupo de personas maravillosas y momentos bonitos. Que, aunque sea evidente, todo funciona hasta que deja de hacerlo y lo mejor que puedes hacer es dejar de culparte por ello y tirar hacia adelante.

Que, aunque cueste, no es necesario entender todo aquello que me ocurre porque, además, entenderlo supondría ponerme en el lugar de personas que sienten feo y ahora mi tiempo es para mí.

Que si *las mentiras tienen las patas muy cortas* yo tengo las piernas muy rápidas para alejarme de todas las que he escuchado y para acercarme a lo auténtico, a lo sencillo, a lo de verdad y a lo de corazón. Que quien vende humo pronto se esfuma y quien te vende la moto antes se marcha. Y que menos mal que existen personas que son un cable a tierra y te demuestran que *valiente* es quien se queda y no quien se va por la puerta de atrás.

Que las mejores lecciones llegan de los peores momentos y que en los peores momentos aparecen las mejores personas. Y que, en definitiva, estar en calma con una misma y valorar lo importante es lo más valioso cada día.

Y es que la mayoría de veces que somos felices no nos damos cuenta porque estamos demasiado ocupados mirando hacia atrás.

Gracias por todo lo malo.
A la hoguera.

Bienvenido todo lo que llegó para quedarse y todo lo que está por venir.

Esto también pasará

Dicen que todo pasa. Y no les falta razón. Pasa el tiempo cada vez que te sientas a esperar a que pasen cosas. Pasan cosas cuando te levantas, tomas decisiones y pasas a la acción. Pasas a la acción cuando te das cuenta de que la vida pasa y tú ahí. Tan así. Tan viendo tu tiempo pasar. De largo.

Por pasar, pasan hasta las modas. El amor ya no es lo que era y, aunque terminen regresando, ni la ropa, ni las personas, ni las situaciones lo hacen de la misma forma. Supongo que esto ocurre, básicamente, porque tú ya no eres la misma. Y menos mal.

También pasan las malas rachas. Que lo que hoy puede ser una mierda, mañana puede que lo sea menos; o que, aunque toque pasarlo mal un tiempo, siempre existe un rayo de luz, una sonrisa, una mano amiga o un beso en la herida que te recuerda que no todo está perdido. Que hasta lo triste tiene algo bonito: que nos enseña.

Pero lo que más miedo me da que pase son las oportunidades. Sobre todo, las perdidas. Porque estas últimas son tan traicioneras que solo dan la cara cuando ya han pasado. Como algunas personas.

Quizá por eso convenga recordar que la vida es ahora y que, hasta nuevo aviso, te tienes a ti misma. Que lo que venga, si no es para sumar, que se vaya. Lejos. O mejor, que ni se acerque. Que eres dueña de tu vida, de tus decisiones y de tus sueños. Y que más allá de «ahora» nunca se sabe.

Pero ahora sí.
Ahora ya lo sabes.
Ahora es más ahora que nunca y tienes la oportunidad de no perderla.

Empezar de nuevo

Cuando miras atrás y te sientes ajena al pasado.

Cuando del dolor solo queda experiencia.

Cuando dejas detrás la sensación de sobrevivir cada día y empiezas a disfrutar cada momento.

Cuando no entiendes, pero te da igual no hacerlo.

Cuando lo haces, pero es a ti misma.

Cuando haces el pacto realista —contigo y con la vida— de cometer errores nuevos a cambio de vivirla.

Ese momento.
Ese instante donde todo empieza.
Donde todo puede pasar: el momento de empezar de nuevo.

Jamás de cero.

¿Y si en lugar
de dar tantas
oportunidades
a otras personas
te las empiezas
a dar
a ti misma?

La misma historia de siempre

Existen costumbres bonitas que nos mejoran el día a día. Pequeños rituales con una misma, «lo de siempre» con «los de siempre» o esos detalles que damos por hecho aunque no nos imaginamos qué haríamos sin ellos.

Sin embargo, existen otras costumbres que lejos de acercarnos a la felicidad, nos alejan de ella sin darnos cuenta. Muy poco a poco. Casi en silencio.

Lo bueno de acostumbrarse es que aquello que viene es predecible; lo peligroso es hacerlo a ciertas cosas que no deberían ser costumbre y ni tan siquiera existir.

Nos acostumbramos al tiempo, a las muestras de cariño, a las personas, a las rutinas. Pero también nos acostumbramos a no valorarnos lo suficiente, a recibir mucho menos de aquello que ofrecemos, a esperar el golpe bajo cuando algo nos va bien, a dejar de ilusionarnos como niños a medida que crecemos, e incluso nos acostumbramos a algunas faltas de respeto, de humildad, de cariño y de empatía que, al igual que ocurre con las de ortografía, hacen demasiado daño a la vista.

Y te acostumbras. Y te dices a ti misma que eso es «lo normal». Porque como «siempre ha sido así» no te planteas la existencia de nada diferente. Olvidando que hay más alternativas, oportunidades y formas de mirar la vida. Y lo peor de todo: creyendo que, sencillamente, eso es «lo normal» y aquello que mereces.

Pero déjame decirte una cosa: que algo haya sido «siempre así» no significa que tenga que seguir siéndolo.

Nunca es tarde para ser quien te apetezca ser, estar en el lugar que desees estar y elegir a quienes quieres a tu lado.

Si no eres feliz donde y con quien estás, ahí no es.

Siempre hacia adelante

Madurar no duele. Lo que duele son las despedidas, las desilusiones, las decisiones y abrir los ojos. Porque lo que más duele de madurar no es madurar, sino las consecuencias de hacerlo.

Sin embargo, madurar también supone crecer. Y crecer siempre nos da la oportunidad de extender nuestras alas y volar hacia un lugar mejor.

Pero crecer, en ocasiones, duele. Como todo lo que conlleva dejar una parte de ti en el pasado y mirar hacia un futuro donde el vértigo de la incertidumbre se cuela.

Y es que la vida va de tomar pequeñas y grandes decisiones. Y aceptar las consecuencias sin mirar atrás. Sin guardarlas en la mochila. Dándoles un pequeño espacio en algún lugar de la memoria para no repetir viejos errores. Y seguir, y seguir, y seguir. Aunque a ratos tengas que parar. Pero seguir. Siempre seguir.

Porque, aunque a veces duela, crecer supone una sola cosa: vivir hacia adelante con todas las consecuencias.

TENEMOS QUE *hablar...*

¡Hola, bonita!

¿Te acuerdas de mí? ¿Pensabas que no estaría aquí de nuevo para ponerte los puntos sobre las íes? Si en el anterior libro te dije *cuatro cositas, agárratequevienen-curvas,* querida amiga. En esta ocasión vengo pisando fuerte porque estoy dispuesta a recordarte de dónde vienes, cuánto vales y qué mereces. Pero a mi forma, *ya tú sabeh… ;)*

Tengo que reconocer que, si has llegado hasta aquí, significa que tu periodo de duelo ya pasó. O casi casi. Qué fatiguitas pasaste, ¿eh? Pero mííííirate… ¡Si parece que hayas evolucionado cual Pokemon y seas otra, tía! Qué pasada verte sonreír, con sueños y nuevas ilusiones. Con la herida casi cerrada y el corazón casi abierto. ¿Te cortaste el pelo? ¡Me gusta cómo te queda! ¿Sigues practicando el deporte que comenzaste para no darle vueltas al coco? ¡Quién te lo iba a decir! Ah, oye, ¿y acabaste por fin la serie *This is us?* ¿Te dejaste la voz cantando a Malú en el coche? ¿Pillaste un nuevo pijama de unicornios en el *Black Friday*? ¿Fuiste sola a aquel concierto que me dijiste? ¿Te fuiste de viaje? Ay, ¡cuántas cosas me gustaría saber de ti y de tu nueva *«tú»*!

Bueno, a lo que iba. Que tengo malas noticias, Mari: el permiso de estar mal te ha caducado ya. A partir de ahora, toca ponerse las pilas. *«Anda, mírala qué lista,*

¿y antes te crees que no me las puse?». Pues no del todo. Antes no te quedó otra que moverte para sobrevivir al dolor. Ahora te propongo algo más bonito: poner de tu parte para ser feliz. Mola, ¿no?

Ya sabes que soy tu *Pepito Grillo*, tu amiga la pesada y malhablada, aquella parte de ti que no te apetece tanto escuchar. Pero, tras la incomodidad que supone leer cierta información, espero que sepas darle forma y adaptarla a tu día a día y a tu historia personal.

Mi intención no será *meterte el dedo en el ojo*, sino que aprendas a mirar de otra forma. Porque no se trata de los ojos, sino de la mirada. De conocerte, de entenderte y de comprenderte. De tener información y elegir qué hacer y qué no hacer con ella. Y, sobre todo, aunque duela reconocerlo, de tener en cuenta que nada ocurre sin tu consentimiento.

Ojalá leas estas palabras con cariño: como una colleja a tiempo y un abrazo que alivia tras la caída de la venda de los ojos.

¿Me lo prometes?
¿Sí? Pues venga. De nuevo, nos vamos de viaje.
Este tramo aún continúa por túnel y será un poco incómodo, pero en nada estamos *living la vida loca.*

Palabrita de amiga.

En este punto del viaje podemos encontrar muchas formas de rehacer tu vida, al igual que existen muchas otras de echar a perder todo el esfuerzo realizado.

«Pero, ¿cómo sé si mi duelo ha terminado?», te preguntarás.

La verdadera forma de saber si la aceptación ha terminado es muy sencilla: cuando sientes paz. Porque…

Un ciclo jamás se cierra en *guerra*.

Y es que hasta que no dejamos de estar en guerra no llega la paz. Quizá por esto, no se trata de superar nada ni a nadie, sino de **estar en paz con una misma.** Lograr algo tan grande pasa por otra cosa que a veces se nos olvida: en ocasiones, **estar cerca de ti misma conlleva estar lejos de alguien**. O al menos darle el lugar que merece a cada persona.

Desconozco si tu ex está o no en tu presente, pero lo que sí tengo claro es que está y estará siempre en tu pasado. Siempre será parte de tu bagaje emocional, de tu experiencia vital y formará parte de tus cicatrices. Por ello, **cuidar la cicatriz para que quede bonita y sea un recordatorio de valentía** será tu tarea principal en este momento de tu vida.

Estar en paz es como dejar el generador de amor listo para volver a funcionar. Cuando no estamos en paz respecto a la anterior relación se produce un atasco que hará que el generador de amor no funcione correctamente.

Y con amor no solo me refiero al de pareja.
Me refiero, sobre todo, al **amor propio.**

Warning 1

Tras una ruptura es habitual tener épocas de todo tipo, pero una en concreto es especialmente peligrosa: **aquella que tiñe todo de nostalgia**. Esa especie de melancolía, de echar de menos algunos momentos.

«Ay. ¿Será entonces que sigo queriéndole?». Pues no necesariamente, amigui. Una cosa es echar de menos una tarde de manta y peli y otra bien diferente es echar de

menos a tu ex. Aprende a discernir qué es lo que realmente echas en falta: ¿los momentos compartidos o a la persona? Porque la mayoría de las veces no es amor, sino nostalgia; la mayoría de las veces **NO ES AMOR, SINO RECUERDOS.** Y *es bien* tener recuerdos, sobre todo, cuando son bonitos.

Recordar significa *volver a pasar por el corazón*, sin embargo, no olvides que no todo lo que pasa por él siempre es amor. Coloca los recuerdos en el lugar adecuado y sigue tu camino. Hacia adelante.

¿Cuánto **pasado**

cabe en la vida de un

presente?

Warning 1 (bis)

Qué difícil es saber cuándo es buen momento para retomar la relación con un ex, ¿verdad? Existen historias que bien podrían parecerse a ese momento antes de salir de casa en el que te das cuenta de que no tienes batería en el móvil. Ese preciso momento en el que pones tu teléfono a cargar diez minutillos con la esperanza de que se recargue lo suficiente como para que te dé la oportunidad de tener algo de batería fuera de casa. Pero lo cierto es que, según sales por la puerta, el sonido de *low battery* te avisa de que en «tres, dos, uno», tu teléfono va a apagarse.

Del mismo modo ocurre con algunas segundas oportunidades: en un último impulso de esperanza pones todo de tu parte durante un periodo de tiempo, pero te das cuenta de que no ha servido de mucho: la relación está sin batería; la relación está apagada; la relación ha terminado. Se acabó lo que se daba.

Pero ¡eh! No te sientas mal por haberlo intentado: a veces es necesario retomar una relación para **cerrar la puerta, la herida, el «¿y si…?» y la duda.** Y está bien así. Todo está bien así.

Warning 1 (bis, bis)

Piénsalo por un momentito. Imagínalo. Imagina que por un remoto caso vuelves con tu ex y tienes que comunicárselo a tus amigas. El mayor indicador de que quizá no sea buena idea es sencillo: cuando te da vergüenza o no sabes cómo decir el temido *«Tía, hemos vuelto»*. Entonces, y solo entonces, quizá sea buen momento para replantearte la decisión porque es probable que hayas dado demasiadas oportunidades a algo que ya *se finiquitó* hace tiempo. A veces, tus amigas son una fuente de sabiduría cuando no ves delante de ti el muro enorme con el que vas a abrirte de nuevo la *cabessssa. Guiño, guiño.*

Warning 2

¿Sabes cuál es uno de los mayores problemas tras una ruptura? Que **asociamos el dolor al amor**. Así somos, querida. Pareciera que nos vaya la marcha.

Solo cuando te sientes muy mal piensas que la magnitud del dolor equivale al amor que sientes por el otro. Cuando, en realidad, es todo lo contrario: si solo quieres volver con tu ex cuando más triste estás, **no**

es amor: se llama dependencia. Enganche emocional. *«No… no es amoooor, lo que tú sienteeees se llama obsesióóóóón».*

Creemos que si algo o alguien nos produce mucho dolor en su ausencia entonces significa que la magnitud del amor era enorme y la importancia de la persona cobra mucho peso.

Valiente tontería pensar que existe una regla de tres entre el dolor y el amor, cuando en la ecuación jamás serán dos variables compatibles que den un resultado bonito.

Así que no te confundas: sentir dolor no es equivalente a la intensidad del amor que sientes por una persona. En la mayoría de ocasiones, esa cantidad de dolor deja al descubierto la cantidad de dependencia que existe al sentir un vacío enorme tras la ausencia de tu ex.

Duele, pero es algo relativamente normal, tranquila.

Warning 3

Quien dice dolor, también dice miedo. Cuando *te da miedo* perder a una persona, en el fondo y aunque parezca lo contrario, estás poniendo el foco en ti. Es una forma de acallar tu miedo a la pérdida y de encubrir tu necesidad, aunque, aparentemente, la maquilles de amor. *«Te quiero mucho»* y por eso te lo demuestro en forma de *«me da miedo perderte»*. Pero déjame decirte algo: a veces no te da *tanto* miedo perder a la otra persona, sino quedarte ~~sola~~ contigo misma o perder aquello que alguien te da y que tú, quizá o por alguna razón, no sabes darte. Donde hay miedo, no hay amor. *One more time*: se llama dependencia.

¡Warning, warning, warning!

Ayyyy, mi rayito veloz. Te me viniste arriba creyendo que ya estabas OK, con tus costuritas bien cerradas y todo superado, peeeero… De repente, estás conociendo a una persona nueva y… ¡Cragggggg! Oh, oh. ¿Has oído eso? **Es tu herida abriéndose de nuevo**. No estabas tan bien como creías, ¡pero no pasa nada! Una vez has tomado conciencia de esto, quizá sea el momento de bajar las revoluciones, darte aquello que necesitas, ir despacito, observar qué está pasando dentro de ti y, una vez tengas más claras las cosas, seguir avanzando hacia un lado o hacia otro.

No te sientas mal por intentarlo: no existe un medidor de tiempo que nos diga cuándo estamos preparadas para estar con otra persona. Ese medidor eres tú y, como humana que eres, el *ensayo-error* que supone volver a poner el corazón a prueba, a veces falla. No te culpes ni te lastimes con pensamientos negativos y, ni mucho menos, pienses que esto que te ha ocurrido es porque sigues queriendo a tu ex. *¿Capito? Vales mucho, tía.* Y tienes derecho a equivocarte sin la necesidad de pensar que has dado *nosecuantos* pasos hacia atrás. Si has llegado hasta aquí, los pasos que has dado durante todo este tiempo no han sido en vano, sin embargo, vivir con el corazón por delante entraña el riesgo de sentir que, en algunas ocasiones, las fuerzas puedan flaquear. **Acurruca tu dolor y abraza el miedo. Esto también pasará.**[1]

---

1 ***Aclaración importante:*** *este estudio de campo «medio en broma, medio en serio», está realizado por una* ***mujer*** *con orientación* ***heterosexual****. Por tanto, escribo en femenino y describo ejemplos masculinos personales/ imaginarios/ experienciasdeotrasmujeresensituaciónparecida. Las combinaciones posibles son las que añada el propio lector o lectora, sin distinción de género,*

Madremíadelamorhermoso. ¡Tachán, tachán! Ahí está de nuevo: **TU EX.** Cuando has conseguido oxigenar tu vida tras abrir puertas y ventanas para que corriera el aire… ¡Zasca!

El amplio abanico que puede abrirse en este punto es tan numeroso como historias de desamor existen. Sin embargo, nos suelen unir sentimientos similares y, por ende, actuamos de formas bastante parecidas.

→ El *ex «fugitivo».* Si se lo ha tragado la tierra, ha desaparecido o ha cambiado de ciudad: pues ni tan mal, oye. Puedes vivir más tranquila al tener la certeza de que no te lo encontrarás por la calle o en algún restaurante. Dentro del drama, eres una chica con suerte: te estás ahorrando los microinfartos que surgen al pensar en la posibilidad de cruzarte con tu ex cuando menos te lo esperas; además del tiempo invertido en curiosear sus redes para saber su paradero en la ciudad y de este modo no coincidir con él y poner a salvo tu tranquilidad. ¡Todo son ventajas!

→ El *ex «Suchard».* El que siempre regresa como el turrón en Navidad. Si lo tienes claro, repito, insisto y

---

persona, orientación o preferencia; al igual que se sobreentiende que esto es humor generalizado y no una verdad que defina la realidad absoluta recalco: **CONTACTO CERO**. *Nomepiseslofregao, amigui. Me ha costado mucho llegar hasta aquí.*

Si, por el contrario, tras cerrar aquella puerta quieres asomarte a la ventana de qué pasaría si nos damos una segunda oportunidad, adelante. Pero ve con todo.

Si, pese a todo esto, tienes las santas narices de asomarte al peligroso precipicio de intentarlo una y otra vez, de dar mil oportunidades o de perdonar todo lo que ocurra, adelante también, querida. Me ahorro el *spoiler*, ya sabes cómo termina la historia.

→ El *ex «portero de discoteca»*. Aquel que no cierra la puerta nunca, más bien la convierte en giratoria. Y no sé a ti, pero a mí esas puertas me angustia atravesarlas en los centros comerciales porque pienso que me voy a quedar atrapada o que me voy a estampar la cara contra ellas... Cuanto más si tiene que ver con una relación.

Este tipo de situaciones deterioran tu ilusión y autoestima puesto que las reglas no están del todo claras: él o ella se ha ido, pero te deja la esperanza de que *el tiempo os vuelva a juntar si estáis hechos el uno para el otro* o que, con el paso de los días, te eche de menos y entonces..., Y ENTOCES NADA. Tú ahí sentada esperando un *fucking* mensaje mientras ves la vida pasar. **Error**.

La vida ya es lo suficientemente complicada como para vivir con más incertidumbre. Si bien es cierto que no me gustan los extremos, en este caso, no queda más opción si de poner a salvo tu autoestima se trata: **las puertas abiertas o cerradas.** Y si este gesto no lo hace la persona que tienes en frente, la responsabilidad es tuya por permitir que **una puerta entreabierta te genere dolor, incertidumbre y malestar**. Y que, además, *cojas frío*. No abras la puerta a quien no la abra por ti. Ahórrate un *resfriado emocional* ;)

«Jo, pero es muy difícil cerrar una puerta…» Y no te falta razón, querida. Pero más difícil es negarte el derecho a ser feliz estando en una relación que no es relación, ni amor, ni nada sano. La costumbre, la dependencia y el miedo dificultan dar ese primer paso. Y, en el fondo, sabes que esta situación no te conviene.

Sin embargo, un alto porcentaje de las parejas caen en este tipo de rutinas tras la primera ruptura o como dinámica habitual de su relación, creando un nivel de ansiedad e incertidumbre con un impacto negativo en el bienestar emocional de quienes lo sufren. Algunas personas, en la fase de reconciliación piensan que todo va a cambiar, dándose de bruces con la siguiente crisis, ilusionándose en la siguiente luna de miel… hasta la siguiente crisis. Y así en bucle. Si te va la marcha, esta es tu mejor opción. Si no es así, dime: **¿crees que mereces que te quieran a medias?**

Suena feo, ¿verdad? Lamento decirte que, si estás en esta situación, es lo que estás permitiendo. El primer paso para decirte a ti misma un **«Me quiero»** es decirle a la persona que tienes en frente un **«Hemos terminado».** Aunque duela.

⟶ El *ex «medionovio»* que te pide *un tiempo.* Reconócelo: es la antesala de una despedida. Esta es una versión adaptada del anterior. *Quiero un tiempo para pensar —No lo dejamos del todo, pero hago lo que quiero con quien quiero porque nos estamos dando un tiempo; —Me aburro/estaba mejor contigo/no encuentro nada mejor; —Vuelvo contigo.* Chssss, ¡y nada de enfados tontos por haber conocido a otras personas, porque no estábamos juntos!

Será la edad o que quizá me he dado cuenta de cuánto tiempo he perdido en personas que no merecían mi atención, pero tengo que confesarte que no creo mucho en *los tiempos* de este tipo. **O estamos, o no estamos.** Y no es cuestión de ego esta actitud: se trata de tener claras las reglas y de darte aquello que necesitas. **No mereces ser la duda de nadie** y, si te piden un tiempo, estás en todo tu derecho de dártelo tú también a ti misma y revisar qué quieres y qué no.

⟶ El *ex «Dora, la exploradora».* Otra versión adaptada del anterior. Dícese del ex que necesita un tiempo para encontrarse a sí mismo. Y claro, tú no vas a impedir semejante hito histórico en la vida y madurez de alguien que quieres y facilitas la tarea porque, tras ese tiempo, tu pareja volverá convertido en su mejor versión como quien cruza la puerta del antiguo programa de televisión *Lluvia de estrellas.* Y desde luego que ocurre. ¡Vaya si ocurre! Después de unos meses, tu *Dora, la Exploradora* se convierte en una versión mejorada, ha llenado su mochila de valiosas experiencias en primera persona y se encuentra en el mapa, sí. **PERO CON OTRA.**

→ El *ex «Ricky Martin», un pasito pa'lante, un pasito pa'trás.* Volver con tu ex por costumbre o pena… ¡o culpa! es algo que debería estar prohibido en primero de relaciones amorosas. ¡Qué *cansao* y qué cansino este tipo de ex! Y es que **un amor a medias, no es amor**: es una relación en la que **aceptas migajas** y, querida, el pan a trozos es para los patos del estanque.

«Pero es que después de todo lo que hemos vivido…» Pero, ¿te sirve de algo todo eso si no eres feliz? Sin embargo, tendemos a aceptar migajas que, aunque sepamos que lo son, siempre serán mejor que «nada». Elegimos quedarnos con poco a no tener nada. Y **paradójicamente, cuando aceptas poco, recibes poco**. Y te quejas de ello. ¿Te has dado cuenta de que **recibimos el amor que aceptamos merecer**?

Y lo peor de todo: si aceptas ese poquito que crees merecer ocurre algo horrible. **Cada vez que recibes algo con más valor de aquello que crees que mereces te sientes incómoda,** crees que no puede ser para ti, lo rechazas y te proteges o, peor aún, te sientes en deuda con el otro haciendo auténticas locuras para intentar devolver o compensar en la misma medida aquello que te dio (porque como mereces poquito, te han dado muchísimo según tu criterio, cuando en realidad te han dado **LO NORMAL**). Sin darte cuenta de que al tener tan distorsionado tu concepto de *«mucho-poco»*, todo te va a parecer insuficiente para ofrecer y vas a caer, poco a poco, en una dependencia emocional.

→ El *ex «entrenador de fútbol»*. El que te deja siempre en el banquillo por si acaso. Te promete *sacarte a jugar*, pero eso nunca sucede. Siempre ocurre algo en el último momento para que no estés en el terreno de juego. Y es que alimentar de falsas esperanzas una historia pasada de rosca es igual que recalentar una comida precocinada. Comes, sí; pero no es lo mismo que un buen plato recién hecho. Igual ocurre con las historias. O jugamos los dos, o fin del partido, *Hulio*.

→ El *ex «ave fénix»*. El ex que siempre resurge para soplar las cenizas porque *ni come, ni deja comer.* Una y otra vez. Siempre encuentra la manera de estar presente para echar leña a la hoguera. Sutil y elegante.

Casi imperceptible. Vamos, que no te das ni cuenta. Pero, mírale: ahí está el tío. Consiguiendo estar (aún) presente en tu vida en una sutil respuesta en tus *stories*, un inofensivo *«¿qué tal?»* o un *like random* en una foto *random*. ¿Y sabes lo mejor? Que es como un perro de caza que se las huele: casi siempre procede de esta forma cuando disfrutas en tu vida de un atisbo de bienestar, felicidad o ilusión. Grrrrr, ¡maldito!

→ *El ex que "solo" vuelve cuando tiene problemas con su nueva churri.* *«Hola, ¿qué tal todo?»*. Y tú, *reina y señora* de la buena educación y de los modales, respondes al mensaje recibido. Y, *como quien no quiere la cosa*, te ves envuelta en una conversación en la que, de puntillas y sigilosamente, se cuela un *«¿Te acuerdas cuando...?»*, para, después de compartir recuerdos *cuquis* de vuestra ex relación, terminar desembocando en un rotundo y escandaloso *«Te echo de menos»*. Y, además, le añade un punto para terminar la frase y así darle importancia, peso y contundencia a semejante mensaje que ya de por sí grita importancia por *cada poro* de sus letras. Todo muy redundante, oiga.

Y es que no nos engañemos: este tipo de ex sabe perfectamente dónde tocar para ablandar tu corazoncito, poner en *mute* tu cabeza y hacerte sentir en las nubes con esa agradable sensación y *regustillo* que deja *el remember* de todo lo bueno. Pero, recuerda: **tiene pareja.** Así que, aprovechando que estás en las nubes, ponte en *modo avión* y evita que entren mensajes contradictorios en tu vida: faltaría más que, después de haber sido pareja, pases a ser *ex* y ahora, de repente, te conviertas en la *amante*. *¡Un poquito de por favor! ¡Habrase visto semejante despropósito!*

→ El *ex «minero».* ¡Venga pico y pala, venga pico y pala!. Tanto si fuiste tú quien decidió terminar la relación como si fue la otra parte, suele existir un perfil que le va la marcha: el *sado* o sencillamente es un poco *cansino.* Exhibe numerosas técnicas diferentes para hacerte saber que igual, picando un poco más de piedra, de ahí sale un diamante y de repente la relación funciona de nuevo. Este tipo de personas suele confundirse de mina y pican sobre la piedra que con el paso del tiempo quedó erosionada. Además, suelen hacerlo de un modo tan original y diferente que casi casi podrías llegar a pensar que *el mineeeero* se dio cuenta de lo que era importante para ti. Y casi te vuelves a ilusionar. Pero no. Carbón *pa* ti.

→ El *ex «cura». Por mi culpa, por mi culpa, por mi gran culpa.* Dícese de aquel ex que se *echa la culpa de todo* para implorar tu perdón, la recuperación de la relación y su redención. Como si *por obra y gracia del espíritu santo* todo volviera a ser como antes y todo rastro de dolor desapareciera por pronunciar un *mea culpa.* Pero lo cierto es que, llegar a ciertas medidas desesperadas, no habla del amor que dicha persona siente hacia ti, sino de la falta que se profesa a sí mismo. Por el bien de ambos, es conveniente dejar un buen recuerdo *por los siglos de los siglos*, que un final incómodo, rozando los límites de lo emocionalmente digno. En este caso, *el roce no hace el cariño*, sino la pérdida de amor propio.

→ El *ex «obispo».* Subimos de nivel *celestial* y nos situamos frente a una versión inversa a la anterior: la conversación entre ambos va cordial hasta que… ¡Zas! El comentario en forma de *hostia* que te recuerda que debes pagar una penitencia por *esto o lo otro* que hiciste mal. Elegir la vía de hacer sentir culpable al otro no demuestra nada bonito, a pesar de que te lo puedan enmascar tras un *«aquello me sigue doliendo porque me importas».* Quien te hace sentir mal queriendo, no te quiere.

→ El *ex «lobo de Caperucita»*, que siempre enseña la patita solo por una razón: reafirmar su ego y comprobar que aún sigue siendo alguien importante para ti. Una vez hecha la comprobación, hecha desde el ego y no por amor —no te hagas ilusiones porque el final del cuento sigue siendo el mismo—, **se larga.** Y casi seguro lo hace con otra Caperucita… ¡A contarle probablemente el mismo cuento!

Una variante de esta situación suele ser aquella persona que regresa como ***la vieja del visillo*** para recordarte que no encontrarás a nadie como él *(¡Esa es la idea, corasón!)* o que nadie te hará tan feliz como él *(Pobre, todavía no se ha enterado de la existencia del Satisfyer…).* Sé que sabrás cómo actuar en estos casos. Confío en ti, amiga. ¡Que la fuerza te acompañe! *Guiño, guiño.*

→ El *ex «guerrero».* El que sigue *dale que te pego* después de años. ¿Qué puede haber más feo que la falta de conciencia, de empatía y de perdón? Dicen que existen «personas tóxicas» y, aunque no me gusta ese término, reconozco que cuando estás mucho tiempo cerca de ciertas personas que no comparten tus valores, corres el riesgo de convertirte en una de ellas.

Cuando dejas de estar en guerra con alguien cuesta entender que esa persona siga *erre que erre.* Lo bueno es que si ya no estás en guerra es porque encontraste tu paz y es más sencillo que lo demás pase a un segundo plano en prioridades de tu vida.

Sin embargo, existen personas cuya única forma de encontrar su aparente paz es no dando tregua a su guerra. Curiosamente coinciden con esas personas que, al haber vivido en guerra desde siempre, **confunden la calma con perder una batalla, y la guerra con su mayor zona de confort.**

Si tu ex sigue enviándote mensajes con faltas de respeto, no hagas como él: contacto cero, sigue con tu vida y vive en paz.

TODO LO BONITO **nace de la calma**.

→ El *«ex colega»* ~~o mi animal mitológico favorito.~~ ¡Y es que no todo el mundo acaba mal! Existe un porcentaje de parejas que, según su experiencia y forma de ser, consiguen diferentes tipos de relaciones tras su ruptura: colegas, amigos, amigos con derecho a roce (¡auch!)… Pasado un tiempo, algunas relaciones pueden transformarse en algo especial y diferente que conserve la esencia de dos personas que, a pesar de no tener una relación de pareja, pueden quererse de otro modo y construir una bonita amistad. ¡OLE! 

LAST (very important) WARNING. Existen historias que merecen una segunda oportunidad. Existen historias que, a pesar de ser *correctas*, llegaron en el momento menos indicado. Existen historias que, con el paso del tiempo, se convierten en la oportunidad perfecta para retomar. Existen historias que, tras su fin, se valoran y recolocan en la primera fila. Existen historias que son primeras veces porque las dos personas son diferentes tras el duelo. Existen muchas historias. Existen muchas personas. Y nadie, jamás, nunca, es quién para juzgar desde fuera algo que solo dos entienden desde dentro. Tu relación no es un *crowdfunding* donde dejar que las opiniones de los demás colaboren en la construcción de **un proyecto que nace de dos para construirse entre dos.**

Dicen que *segundas partes nunca fueron buenas*, sin embargo, a veces (y solo a veces) la **experiencia tras la ruptura**, el **tiempo sobre la herida** y el **perdón sobre el pasado** hacen que salga a relucir una parte preciosa entre dos personas que se miran de frente, con madurez, honestidad, amor y ganas. Muchas ganas. Sobre todo, de hacerlo diferente.

Y, solo entonces, puede ocurrir. Cuando, tras un largo periodo de tiempo donde recolocar cada experiencia en el lugar que corresponde, una cierra la herida, abre el corazón y **la oportunidad de darse la oportunidad**. Frente a frente, distintos y con todas las ganas del mundo de construir algo nuevo.

Ese momento en el que limpias los restos de resentimiento, abres las ventanas del **corazón,** ventilas cada rincón donde hubo dolor, recolocas cada momento pasado en el almacén de los recuerdos, dejas que huela a **autoestima** cada estancia de tu interior, te diriges con **valentía** a la puerta y, con una sonrisa de **esperanza**, recibes el regalo de un nuevo inicio:

«¡Hola! Encantada de conocerte».

Y empezar, de nuevo, a conocerse.

Porque, de lo contrario, no es una segunda oportunidad, sino alargar la primera parte. Y eso, querida amiga, sabes que nunca termina bien.

→ **Cuándo NO:** Por pena. Por retomar la situación de comodidad. Por miedo a la soledad. Pensando que con sexo se pone a cero el marcador. Por los hijos. Por la idea de pensar que nadie va a quererme como *fulanito* o *menganita*.

→ **Cuándo quizá:** Si la actitud es ganar-ganar. Sin rencores, ni recordatorios de errores. Con la voluntad de mejorar y llegar a los motivos reales de la ruptura y poner remedio. Con acción compensatoria, pero sin viajes constantes al pasado. Si se tienen fuerzas suficientes no solo para cambiar, sino para mantener el cambio.

TIP DIOSA DEL OLIMPO I

A veces tiene que ir mal para que luego vaya mejor. Obvio, ¿verdad? Sin embargo, a veces se nos olvida y nos aferramos a la idea de que tiene que ir todo bien YA para poder disfrutar de cierta estabilidad emocional. En este punto del viaje es importante ser realistas y tener en cuenta una de las mayores premisas de la vida: no queda otra que **aprender a vivir con el corazón roto y con la posibilidad de que pueda volver a romperse por el camino**. No hay más, amiga. Paciencia con las malas rachas: no duran eternamente. Y recuerda algo de vital importancia cuando la situación te supere a ratitos:

Del mismo modo que mantener una relación no garantiza su éxito, una ruptura no significa que suponga un fracaso.

Las épocas de mierda son el abono perfecto de todo lo que está por llegar. Si aquello que sobra como deshecho se reutiliza para dar vida, esta época de mierda también servirá de algo. Así que *be water, my friend.* Riega la parcelita de vida en la que vives y acepta el abono de hoy que augura unas plantas bien hermosas mañana.

Recuerda: algunas pérdidas te hacen tremendamente rica. Aunque ahora no lo veas.

TIP DIOSA DEL OLIMPO 2

A mayor cercanía emocional, mayor es el dolor cuando algo se termina. Existe una cultura alrededor del «ex» que, aunque es cierto que depende de la historia que hayas compartido, no deja de ser eso: **una persona con la que has compartido una historia.** Una persona, además, a la que has querido un huevo. O algo parecido. Por ello, al igual que cuando perdemos a otras personas en nuestra vida (como familiares y amigos) con un ex debería ser parecido: aprender de la experiencia, comprender, aceptar y perdonar. A ti misma y a esa persona. Y cerrar la historia, sea buena o mala, para **dejar una cicatriz en tu colección. Y ya.**

A veces le damos demasiada importancia a un ex. Le cubrimos de un halo de negatividad que nos mantiene en guerra con el otro y nos impide dejar que pase el aire para que ventile un poco la herida y deje de doler.

Es muy probable que aquello que más te duele sea que no saliera como querías, que tus ilusiones se vieran truncadas o las consecuencias de haber pasado por esa relación, más que la *pérdida* de la persona en sí. Después de todo, tú ya eres otra. La otra persona, probablemente, también. Y, de no ser así, tampoco es tu problema ya.

Creo que **a veces se nos olvida darle a cada cosa la importancia que tiene.** Pero porque es muy difícil. Y porque tenemos una cultura alrededor del ex como algo sagrado, como alguien que de alguna forma nos ha fallado cuando le hemos abierto lo más importante de nosotras mismas. Pero lo cierto es que eso también nos ocurre con otras personas. Así que vamos a relativizar un poco para ponernos las cosas más fáciles. Quizá no tengas que ser su mejor amiga, pero tampoco es necesario ser su enemiga pública número uno. Sin esa experiencia y la presencia de esa persona en tu vida no serías quien eres ahora. Así que, independientemente de cada historia vivida, relativiza.

TIP DIOSA DEL OLIMPO 3

Si has pasado por una ruptura en la que la otra persona fue quien decidió terminar, es probable que esa historia aún siga abierta por tu parte. Alguien puede dejar la relación, pero en lo más profundo de ti **puede que tú no la hayas dejado**. En otras palabras: que alguien *te deje* no implica necesariamente que tú *dejes* a esa persona mientras en ti misma sigue esa historia sin cerrar por un motivo u otro. Por ello, lo más importante a la hora de pasar página es que, a pesar de que el otro haya cerrado el libro, seas tú quien lo guarde en la estantería de la biblioteca de tus recuerdos almacenados.

Cerrar etapas y darles el lugar que ocupan, te hace benevolente contigo. De rebote, con el otro. Pero lo más importante, **contigo misma.**

Existen tantas formas de cerrar una historia como personas existimos, sin embargo, una de las más bonitas es cuando decides **sustituir el rencor por el perdón** hacia ti, hacia vuestra propia historia y, por qué no, hacia la otra persona.

«Claaaaro, qué bonito suena… P-e-r-d-ó-n. Y ya está. Ajam».

No, querida. Perdonar no es decir *perdón*, ni *te perdono*, ni *nos perdono*.

Perdonar es un proceso de corazón

en el que se requiere de mucha cabeza.

Y es que para pasar página sin cortarte los dedos es necesario:

COMPRENDER.
ACEPTAR.
PERDONAR.

Parece sencillo visto así, ¿eh? Pero lo cierto es que este proceso es de los más complejos de llevar a cabo, tanto con los demás como con una misma, puesto que cada persona es un mundo. O, mejor aún, **un iceberg:** un gran iceberg en medio del océano que muestra tan solo un trocito de hielo en relación a la grandeza y la complejidad que esconde bajo el agua. Entre tú y yo: ese trocito suele ser aproximadamente el 10% de nuestra persona y personalidad. ¡*Mu* fuerte, Mari! Aquello que vemos en los demás es una pequeñísima parte de lo que en realidad son. Como tú. Como yo. En el día a día, vemos solo las conductas, pero estas, como si de migas de pan se tratasen, dejan un rastro de experiencias, actitudes, creencias y valores que hacen que una persona se comporte del modo en que lo hace. A nuestros ojos, a veces no tienen sentido, pero si logramos verlo con gafas de bucear, podremos entender que **cada persona es como es debido al bagaje emocional que contiene en su interior.**

Comprende. Añade, desde la distancia y la experiencia, un poquito de comprensión a tu historia. Entiende que, si algo no salió, no fue exclusivamente por *«culpa»* de uno, **sino de los dos.** Que *dos no discuten si uno no quiere*. Que a veces una no ofrece su mejor versión cerca de según qué personas, pero que igualmente elegimos nuestros actos y respuestas. Entiende que, si actuaste de un modo u otro, fue porque en ese momento no encontrabas una opción mejor. Comprende que, si el otro actuó del modo en que lo hizo, fue porque en ese momento no sabía hacerlo de un modo diferente. Sí, sé que no entiendes cómo algunas personas pueden comportarse de cierta forma, pero dime: ¿y tú? ¿Actuaste realmente como tú eres o quizá también hiciste cosas sin aparente sentido?

Aprende que, en muchíííííísimas ocasiones, no vas a entender el porqué de algunas cosas. Y NO PASA NADA. **Para vivir no es necesario entenderlo todo.** Confía en que todos actuamos del modo en que lo hacemos por algún motivo, *entendible* o *no entendible*. Sin darle más vueltas al tarro.

La clave de la comprensión es, paradójicamente, saber que no es necesario entenderlo todo para ser feliz, vivir o pasar página.

→ **Acepta.** Acepta tu historia y piensa de forma objetiva: que alguien necesite algo diferente a ti no significa que tú tengas *la culpa* de lo que pasó, sino que esa persona necesitaba algo distinto. Que alguien, por ejemplo, necesite un tiempo no significa que haya algo mal en ti, sino sencillamente eso: que necesita un espacio para sí mismo, independientemente de como tú seas. Que una persona no quiera continuar con la relación no dice nada malo de ti, sino acerca de una necesidad de otra persona que, hasta la fecha, coincidía con la tuya y, por el motivo que sea, dejó de coincidir. FIN.

Para aceptar algo es necesario dar un paso atrás,
tomar perspectiva de la situación,
poner entre paréntesis nuestro ego,
bajarle el volumen al dolor
y mirar con ojos llenos de empatía.
Sé buena contigo misma
cuando reescribas la historia de tu herida.

Aceptar no es resignarse, ni implica que te guste o estar de acuerdo con lo ocurrido. **Aceptar supone respetar la realidad sin negación,** y entender que cada persona es como es, al igual que tú eres como eres y que lo que pasó ocurrió del modo en que lo hizo porque así pasó en aquel momento. Ya no es tiempo de buscar razones, motivos o porqués. No puedes controlarlo todo y es importante dejar de hacerlo a pesar de que ello conlleve sentir incertidumbre, algo de miedo o falta de seguridad. *Let it flow.* **Lo que pasó ya no puede pasar de otro modo distinto del que ya ocurrió.**

Perdona... pero no olvides cada aprendizaje, pues aquello que dejamos que caiga en el olvido es susceptible de volver a repetirse. Cuando comprendes y aceptas de corazón y de cabeza, el perdón llega solo y, de su mano, la bonita sensación de tener cada cosa en su lugar y sentir que **todo está bien así. Ordenado y colocado en su sitio. Aquí y ahora.**

TIP DIOSA DEL OLIMPO 4

En ocasiones, la vida baja el telón de algunas historias antes de tiempo, a destiempo o en el momento en que menos lo esperabas. Incluso, muchas veces, sin poder despedirte, bien porque la otra persona no lo hiciera, o bien porque el dolor no te dejara ponerte frente a él o ella y decir *«adiós»*. Sin embargo, es necesario **aceptar aquello que la vida te va poniendo por delante para poder avanzar.**

Cuando no ha sido posible despedir aquello que se fue, es el momento de hacerlo por tu cuenta y en el momento en que lo necesites. Te invito a escribir la *«necrológica de tu historia»* dado que, tal y como la conocías, ya ha muerto, ya no está, ya no es y ya, de la misma forma, no será.

Despídete de tu relación (que no de tu ex, ¡él sigue vivo y será tu ex para siempre!) y deshazte de esa carta del modo que consideres oportuno.

TIP DIOSA DEL OLIMPO 5

Regálate el privilegio de

caer y empezar de nuevo

(que no de cero).

Parada 2

… y el corazón abierto

Carta
a ti

¡Bienvenida a esta fase!

En este momento quizá hayas dado la vuelta a la página y te atrevas a ponerte frente a frente con un folio en blanco. Bien por ti, valiente. Ahora toca organizar un poquito el desastre, dejar cada experiencia en su sitio y recolocar poco a poco tu día a día.

Rehacer tu vida no significa conocer a una persona: significa tomar las riendas de tu vida. Eso no incluye necesariamente una pareja y mucho menos si tu autoestima aún sigue dañada.

Muchas personas tienen la creencia de que no tener pareja es algo negativo. ¿Cómo me sentiré entonces cuando no la tenga? ¿Qué sentimiento se genera en mí? *¡Socorro!* La inmediatez, la rapidez, la necesidad y la urgencia de encontrar algo para sentirme completa. Sin embargo, desde la *necesidad* nada bueno podremos conocer, ni construir. Y luego te quejas de que siempre te pasa igual. ¿Has probado a estar contigo misma sin sentir malestar, sino con la sensación de que es algo natural? Hasta que no sientas felicidad al hacer tus cosas, calma al estar contigo misma, tranquilidad a solas y sin distracciones, no habrás sentido la verdadera **independencia emocional.**

Vale. Tu relación terminó hace más o menos tiempo y sientes que has pasado página, pero en ocasiones tu ex sigue presente y no porque le veas cara a cara, sino porque le ves de alguna manera reflejado en las personas que conoces o con aquellas que te relacionas de forma íntima. **Terminar con tu ex significa no solo cortar con**

la relación que os unía, sino con aquellos patrones que hacen que cometas los mismos errores a la hora de amar a alguien.

Y es que, aunque digan lo contrario, **el amor no duele**, duelen los errores que cometemos al amar, las ideas equivocadas sobre el amor y las experiencias inacabadas que creemos finalizadas.

Este tramo del viaje, como si de tu particular *campo de minas* se tratase, está repleto de *Warnings* por una sencilla razón: para que tomes conciencia de aspectos importantes que igual no te has planteado y que, de alguna forma, guían tus pasos en el amor sin darte cuenta. Es tremendamente fácil caer en errores del pasado una y otra vez cuando la sombra de la rutina nos persigue a cada paso y cuando tenemos nuestros patrones guardados en algún lugar de nuestro desconocimiento.

Aquello que no hacemos tangible, se mantiene invisible.
A los ojos, al corazón y a la experiencia.

¿Estás lista para mirarte frente al espejo?
¡Comenzamos!

Esta fase es una muñeca rusa casi infinita. Aquí destapamos unas cuantas.

Si quieres llegar a la primera de todas, al fondo de los fondos, es preciso que lo hagas con la ayuda de un profesional.

Déjame que te *cuente*

Después de la tormenta

Claro que pueden volver a hacerte daño. Pero, ¿qué sería de la vida sin arriesgarse? A veces es necesario apostar con «todo» sobre la mesa.

Con «todo» lo aprendido, lo vivido, lo amado, lo rectificado, lo perdonado, lo agradecido, lo comprendido y lo aceptado.

Que algo no saliera como tú esperabas no significa que tengas que renunciar a una parte preciosa de la vida.

Que alguien no supiera valorar todo lo maravilloso que hay en ti o decidiera no compartirlo contigo (¡totalmente lícito!), no significa que no sigas siendo maravillosa y que existan miradas que sepan apreciarlo y quererlo cerca de sus vidas.

Que una relación se termine por la razón o razones que sean no significa que vaya a ocurrirte lo mismo la próxima vez.

Porque la única certeza que existe es la siguiente: tú no eres la misma de antes.

Y, a pesar de que cometerás errores y algunos de ellos te resultarán familiares, ocurre algo muy bonito tras el dolor en el «corazón»: después de pegar cada uno de los rotos con tiempo y paciencia, desarrollas una mirada amable hacia tu pasado, tu herida y hacia ti misma.

Y, entonces, sucede: perdonas con la herida cerrada y el corazón abierto.

Y de la mano viene la bonita sensación de merecer una nueva oportunidad. Aunque antes tendrás la difícil tarea de vaciar el corazón y la cabeza de rencor, de recuerdos que estorban o de miedos que asumiste como propios porque algún día alguien te lo hizo creer así.

Porque el amor, el de verdad, es bonito, siempre suma, te hace crecer y rellena el corazón de ganas.

De todo.

No sé tú.

Pero yo, sí.

Me atrevo.

Las veces que hagan falta.

Lo bueno de lo malo

De entre todos los días marcados en el calendario, existe uno que debería ser especialmente señalado y celebrado: el día en que haces balance y entiendes, por fin, que vivir es algo más que estar vivo. Que la felicidad no siempre va de la mano de sonreír, sino de las veces que se conjuga con la expresión «dejarse llevar». Y que, si al amor no lo acompañan la autenticidad, la libertad y el respeto, es tan solo un simulacro. Un casi, pero no. Un rotundo no.

Porque cuando alguien te quiere, se nota; y cuando no lo hace, también.

Sin embargo, a veces no te das cuenta de esto hasta que echas la vista atrás, te perdonas, te aceptas y te abrazas. «Madre mía, en qué estaría pensando yo». Y te ríes. Claro que también te ríes.

Te ríes, en definitiva, porque sientes que has salido ganando después de haber creído perder tanto.

Y es que, aunque de primeras no nos gusten, existen pérdidas que te hacen tremendamente rico.

Suelta y confía

La cantidad de historias bonitas que no ocurren porque estamos en un lugar que no nos hace felices, porque acumulamos miedos que no nos dejan ver con claridad o porque nos empeñamos en alargar situaciones que podríamos ahorrarnos con un punto final.

Ojalá el tiempo que invertimos en forzar aquello que «no», lo empleáramos en todo aquello que sucede tras un «y por qué no». Porque, al fin y al cabo, cuando uno se da permiso para disfrutar de un «quizá» se está regalando una nueva oportunidad de merecer todo lo bueno que pueda estar por venir.

Sin embargo, forzando situaciones o momentos que no pueden ser, estamos abonando el terreno de la frustración y la impotencia. Y es entonces cuando comienzas a invertir tu tiempo y tu energía en el lugar equivocado, dándote de bruces constantemente contra un muro que debilita tu ilusión, tus ganas y tu alegría.

Existen pocas cosas tan bonitas como fluir con lo sencillo, quedarse en los lugares que te hacen crecer y disfrutar aquellos momentos que te regalan felicidad. Existen pocas cosas tan valiosas como el tiempo compartido con personas especiales que hacen que recuperes de pronto la esperanza, te sientas un poquito más viva y te des permiso para ser tú misma. Sin filtro. Sin más. Porque sí. Porque sientes que todo, tal y como está, está bien.

Si es que «no», avanza por otro lado.
Si es que «sí», disfrútalo con todas tus fuerzas.
Si es un «quizá», ábrete a la aventura de descubrirlo.

No fuerces nada, no esperes que alguien cambie, no seas nadie diferente por encajar. Si algo no puede ser en este momento, respétalo y date la oportunidad de descubrir qué sería de tu vida sin ello, pero contigo.

Siempre contigo.

No te pierdas por encontrar a nadie.

Suelta y confía.

Todo lo que *sé* del

amor de verdad

es que va de

compartirse entre dos

y no de partirse

a la mitad.

El amor no tiene la culpa

El amor no tiene la culpa de nada. El amor está ahí, sin más, para ser disfrutado y compartido.

Al amor le dan igual tus expectativas, tu «mala» suerte o que elijas a una persona u otra. Es bastante ajeno a nuestros dramas, dramitas y a las películas que nos montamos en la cabeza en torno a él. Al amor le da igual que el chico que te gusta te escriba, que sus audios sean tres segundos más cortos que el de ayer, que te envíe un corazón azul, rojo o violeta o que «si te llama por tu nombre te está dejando de querer».

El amor está cansado de que hablemos en su nombre, de que le echemos la culpa cuando algo no va bien y de que le digamos palabras feas o maldigamos su existencia cuando nos hacen daño. Está cansado de que le confundan con su amigo el «enamoramiento» y afirmen verle en acciones que poco tienen que ver con su esencia.

El amor está hasta las narices de aparecer en canciones y poemas que no le representan y detesta, profundamente, servir como excusa para acciones injustificables en su nombre.

El amor se aburre de ver siempre la misma historia, de los diminutivos y apodos que le ponemos para denominarlo, de verse en corazones con iniciales, de que le admiremos cuando es correspondido y cuando no lo es le culpemos de todo.

Al amor le molesta que le relacionen con un angelito en pañales, con media fruta, con perdices, con Disney, con finales felices y con bajar la luna en su nombre. Y, sobre todo, rechaza que digan que le han visto con un tal «Celos» y afirmen que su relación es sana, justificada, y que siempre van de la mano el uno del otro. Detesta que se cree polémica en torno a su nombre porque no entiende que no se respete que cada cual pueda amar a quien o quienes desee en el momento y la forma que le venga en gana.

Y, por encima de todo, el amor está cansado de la nueva moda de ponerle el apellido «tóxico», con el cual no se siente identificado.

Porque el amor no es tóxico: lo tóxico son las relaciones que establecemos con algunas personas.

Dejemos en paz al amor porque él no tiene la culpa.
El amor es.
Y punto.

Cuando menos te lo esperas

El día menos pensado llegará alguien a tu vida y, sin pretenderlo, levantará todas tus barreras y te recordará qué era eso de sentirte como en casa.

Sobre todo así: sin pretenderlo.
Sin buscarlo.
Sin previo aviso.
Un domingo cualquiera.
Con nudos en el pelo y en la garganta.
Con las costuras recién cerradas de aquella herida.
Con el punto de desventaja de quien no espera un huracán que acaricia.
Con la palabra confianza por bandera y la risa resonando en rincones que creías olvidados o desaparecidos.

El día menos pensado.

Y quizá en ese momento entiendas muchas cosas que antes no entendías.

Como que tomar decisiones es la decisión más importante en la vida y que vivirla mientras ella hace sus propios planes es lo único que tienes que planear.

Para volar alto.
Porque todo aquello que nace para dejar huella jamás avisa.

La magia y el truco de la vida

Cuando creces y aprendes de aquello que te ocurrió, hay cosas que ya no te vuelven a pasar. Aunque por dentro sientas lo contrario y el miedo se cuele por las rendijas de cada herida sin cicatrizar. Y duele. Y acojona. Y bloquea. Y paraliza.

Ya lo dijo Marwan: «Las cosas que otros te hicieron son cosas que ya no te pasan». Sin embargo, nos empeñamos en seguir ahí, en aquel lugar que ya no existe pero sostenemos entre las manos: el «pasado presente». Como si pudiéramos aferrarnos a algo que ya no existe ni nos pertenece.

Sé que tienes miedo a sufrir, pero también sé que, con toda seguridad, va a haber situaciones que te dolerán y no podrás evitarlo. Al igual que te aseguro que serán diferentes a aquello que te ocurrió porque no hay dos personas iguales.

Ni siquiera tú misma.

Vas a vivir historias nuevas y, en el intento, probablemente no salgan como te gustaría. Y, entonces, volverás a sentir aquella cicatriz. Y es posible que el dolor suba de repente el volumen de tus malos recuerdos y escuches de fondo aquella historia con nombre propio que un día salió mal. Pero supongo que esa es la magia y el truco de la vida: saber que además del suelo, existe el cielo. Que además de la herida, existe la cura. Que además del golpe bajo, existe la caricia a tiempo. Y que además del dolor, siempre existe y existirá el amor.

Ojalá aquellas personas que forman parte de tu pasado se queden a vivir allí, en el pasado.

Porque aquello que te ocurrió ya no te *pasa*, sino que te *pesa* cada vez que intentas, aunque no lo quieras, mantenerlo en el presente.

Deja de repetirte la misma historia de siempre y equivócate mejor, diferente y más bonito.

Deja que cada persona, situación y sentimiento ocupe el lugar y el tiempo vital que le corresponde.

Deja de mirar atrás para empezar a mirar de frente y hacia delante.

Siempre hacia adelante.

Aprende, tía

Te entiendo. Claro que te entiendo. Pero entenderte no hará que hoy sea delicada contigo.

Entiendo que no entiendas nada porque sientas varios sentimientos a la vez. Entiendo, por ejemplo, que puedas estar triste. A nadie le gusta que le cuenten historias que no vienen a cuento y cierren el libro en sus narices y, peor aún, sin final. Ni feliz, ni triste: sin final.

También entiendo que estés enfadada contigo misma y con el mundo. Pero, sobre todo, contigo misma. Por cometer errores que ya deberían estar más que superados.

Por mi parte, yo también estoy enfadada contigo.

Porque «*vamosdigoyó*» que ya va siendo hora de que abras los ojos y veas la persona tan valiosa que eres. Que bajaste al mismísimo infierno, te quemaste las alas y, contra todo pronóstico, resurgiste de tus cenizas.

No todo el mundo es capaz de derrochar tanta valentía en el intento de vivir. Y esto debería haberte enseñado algo importante: no estás para dejarte el tiempo, el amor y la vida en lugares donde no quieran compartirlo contigo.

Lo siento, pero no lo estás haciendo bien, amiga.

Así que hazle un favor a tu pasado y compórtate, coño.

Haz que todo el dolor que un día sentiste haya merecido, literalmente, la pena.

Aprende, tía, aprende.

Que sea *recíproco.*

¿Acaso existe algo *más bonito?*

Aquello que mereces

Dicen que aceptamos el amor que creemos merecer. Sin embargo, parece que no aprendemos la lección y continuamos cometiendo los mismos errores.

Y es que no hace falta perder nada ni a nadie para valorarlo. Ni hacer como que no sientes nada cuando por dentro lo sientes todo. Eso ni «disimula», ni «tapa», ni «esconde» sentimientos, no vaya a ser que te digan sensible, flojita o intensa.

Y, con todo, te dicen el famoso «Pónselo difícil y no muestres interés» y vas tú y te lo crees. Vamos, que te lo comes con patatas porque, encima, funciona. Magia, vaya. Y sí, funciona. Claro que funciona: con personas que no saben distinguir el amor sano del que no lo es.

Así que, si te va la marcha, adelante, pónselo difícil. Que como la vida no es ya lo suficientemente complicada, vamos a enrevesarla un poquito más justificando cosas injustificables o dejando de hacer sencillo lo que nace para ser sencillo. Con lo corta que es la vida, perdamos un poquito más nuestro valioso tiempo en situaciones y personas que no valen nuestra pena y luego vamos a lamentarnos por el tiempo perdido, perdiendo, a su vez, más tiempo aún en el lamento.

De todo esto, lo único que sé es que la vida no siempre es fácil, pero puedes hacértela más sencilla: quien te quiere te busca, te valora y se preocupa por ti. Sin atajos, sin excusas, sin mentiras, sin «es ques», sin medias tintas.

Créetelo de una vez: vales un universo entero como para esperar a alguien que solo te quiere para los buenos ratos, sin entender que, en la oscuridad de la noche, es cuando se aprecian las estrellas más bonitas.

Si quieres que alguien te quiera, primero quiérete tú lo suficiente como para no tener cerca a personas que no te quieran como tú mereces.

Una sutil diferencia

Existen dos tipos de personas: las que te apoyan y las que se apoyan. Mientras las primeras lo hacen incondicionalmente, las segundas, solo cuando les interesa.

Quédate siempre con las primeras, pues las segundas terminan dejando de ser apoyo para convertirse en peso.

Cuídate, aunque duela, de las segundas; y cuida, incondicionalmente, a las primeras, pues con el paso del tiempo terminas descubriendo que solo ellas son las personas que merecen la pena, el tiempo y el esfuerzo.

Para lo bueno y lo mejor.
Para lo malo y lo peor.
Sin condición y en condiciones.
En todo momento.
Sin importar la distancia ni la circunstancia.

Quédate siempre cerca de aquellas personas que van de cara porque saben que, por la espalda y a traición, lo único bonito que existe son los abrazos.

En el momento exacto

En el momento exacto, así llegaste, como todo lo que llega para quedarse, aunque en ocasiones quedarse no conjugue con acariciar una piel, sino un recuerdo eterno.

En el momento exacto, así ocurrió, como todo aquello que pasa para instalarse en algún vértice del lado izquierdo del pecho. Ahí, donde todo puede pasar, dónde guardamos aquello que duele y aquello que también nos salva.

La vida, esa compañera con la que siempre estarás condenado a hacer las paces si de vivirla en paz se trata; la vida, esa compañera que siempre da respuestas a tiempo a las preguntas que te hiciste y, aunque duela, puso a cada persona al alcance y en el lugar adecuado.

En el momento exacto, como todas las cosas que están destinadas a ocurrir y como todas aquellas que jamás suceden porque, en esencia, todo pasa cuando tiene que pasar. Incluso aquello que nunca lo hace.

Todo está ocurriendo en el momento exacto.
Tú, tu vida... La vida.

Hay cosas que no acaban nunca y personas que siempre serán eternas.

Ante la duda, tú

Te lo diré sin rodeos: no mereces ser la duda de nadie.

Sé que todos tenemos derecho a dudar, pero también estamos en la obligación de actuar en consecuencia. «*No me sale, no es mi momento, no sé qué me pasa, no-eres-tú-soy-yo*»... Todo esto solo significa que ahí, por ahora, no es. Y digo «por ahora» porque todos tenemos derecho a dudar, pero no a meter dentro de la duda y marear a la persona en cuestión.

Ojalá todos tuviéramos claro que cuando alguien nos pide un tiempo, nos está dando una oportunidad muy valiosa de darnos ese tiempo también a nosotros mismos. No olvides que tú también tienes derecho, durante ese tiempo, a pensar qué quieres y a quién quieres, del mismo modo que también es momento de pensar aquello que ya no, que ya nunca y que ya está bien.

Cuando ofreces al otro el derecho de darse un tiempo, recuerda que tú también tienes otro: el de no dejar que haya retorno.

Nunca retengas a quien quiera irse, temporal o definitivamente, de tu vida.

Respeta la decisión del otro, pero también tu libertad de elegir que no haya vuelta atrás.
A todo aquel que duda.

«Duda todo lo que quieras, pero deja en paz a quien no lo hace y además apuesta por ti. Silencia tus mensajes contradictorios y deja de marear a quienes tienen las cosas claras. Tienes derecho a cambiar de opinión, pero cuando esto incumbe a otra persona, también tienes el deber de comunicarlo.

Si fuiste valiente para comenzarlo, sé valiente para terminarlo».

Para siempre

Cuídate de jugar con el corazón, el tiempo y la paciencia de algunas personas.

Aquellas que más aguantan son las que terminan yéndose con más fuerza, dejando una gran huella difícil de borrar.

Cuídate de hacer daño a quien te dio su confianza sin reservas porque, el día que ya no puedan más,

será
para
siempre.

Mejor

Supongo que a veces confundimos la avaricia con querer lo que realmente merecemos.

Y así nos va.

O nos conformamos con *cualquier cosa* porque dicen que está feo aspirar a más, o jamás encontramos la calma porque *nada* es suficiente.

O eres conformista, o estás en una búsqueda insaciable de algo más.

Lo que quizá se nos olvida es que querer algo *mejor* no significa querer *más,* sino *querer algo diferente.*

Algo que mereces.
Algo que te haga feliz.

Y ahí está la diferencia que marca la diferencia: *más* no es sinónimo de *mejor*.

Casi nunca.

Colorín colorado

—¿Qué somos? —le preguntó ella.
—Felices —respondió él.

Y, entonces, decidieron vivir el presente.

Y, así, presente a presente,
no sé si en el futuro fueron felices
o si finalmente comieron perdices.

Lo único que sé es que aprendieron
la lección más importante de todas
en el amor y en la vida:
se dejaron de tanto cuento
y vivieron el momento.

Juntos.

Hemos terminado

No todas las frases bonitas significan algo bonito si no les siguen unas acciones que las sostengan. Sin embargo, otras, en su aparente forma de desastre, esconden belleza y amor en alguna de sus versiones.

Amor hacia uno mismo si estás en un lugar que no te hace feliz, por ejemplo. Amor hacia otra persona con la que, a pesar de no querer seguir, honras el tiempo compartido con una justa y merecida despedida. O, simplemente, amor hacia un vínculo cuando este carece de cariño, no suma o se transformó en algo diferente a aquello para lo que nació.

Sea de la forma que sea, existen dos palabras que con frecuencia se nos olvida pronunciar y, en algunas ocasiones, esconden más amor y valentía que un «te quiero»:

«Hemos terminado».

Y es que, si me dieran a elegir, prefiero aceptar con dolor una honesta despedida de corazón a escuchar palabras bonitas, pero vacías de respeto y amor.

Marie Kondo

La mayoría de las veces, apartar a quienes desordenan tu vida es el mejor método para ordenarla.

Dicen que es bueno sacar de tu vida todo lo que ocupa espacio innecesario para que entren situaciones y personas nuevas.

Y nos cuesta porque muchas veces confundimos el vacío con el espacio, sintiendo que tanto uno como otro son sinónimos de que algo no va bien. Sin darnos cuenta de que el eco que surge de un espacio vacío tiene mucho que decirnos acerca de todo aquello que callamos.

Tan importante es dejar espacio para que entre lo bueno, como recolocar aquello que está desorganizado y apartar lo que desordena tu vida.

Y no hacerlo tanto con la esperanza de que entre algo nuevo, sino con la única intención de dejar el interior organizado y disfrutar, en paz, de la armonía que supone tener a cada persona en su sitio.

Sobre todo, a ti misma.
En equilibrio.

Qué bonito es que,
en un mundo que pierde su autenticidad
buscando ser

único y especial,

alguien vea en tu ***normalidad***

algo *extraordinario*
donde quedarse a vivir.

Tu lugar en el mundo

Dicen que la distancia se mide en kilómetros,
el tiempo en segundos,
y que una casa está entre cuatro paredes.

Sin embargo, siempre he pensado que existen personas
que son lugares donde ser, estar y habitar.

Porque cuando uno está con quien quiere estar,
ese es el mejor lugar donde quedarse.

Y es que la distancia no se mide en los kilómetros que te sobran, sino en los abrazos que te faltan. El tiempo no se mide en los segundos contenidos en tienen veinticuatro horas, sino en los momentos compartidos a cualquier hora. Y el hogar no entiende de metros cuadrados, sino de en cuántos espacios has sentido la libertad de ser tú mismo.

No sé tú, pero yo me quedo.
A tu lado.
A cientos de kilómetros
o a dos centímetros de distancia.

CUANDO UNO ESTÁ CON
QUIEN QUIERE ESTAR,
ese es el mejor lugar
donde quedarse.

Noche de reyes

Que llegue el final del día y puedas apoyar tu cabeza en un pecho donde sentirte a salvo, donde sentir que todo está bien. Donde ser una misma sea el regalo que se dé por supuesto y por sentado. Que la vida te devuelva la esperanza perdida en forma de personas envuelta con el lazo rojo de la sencillez. Como diciéndote: toma, esto es para ti. Te lo mereces.

Y lo desenvuelves poco a poco porque sabes que las prisas nunca fueron buenas y decides disfrutarlo de a poquito con la ilusión de la noche de Reyes. Porque existen personas que son exactamente eso: un regalo de noche de Reyes. Y, aunque ya no seas una niña, lo recibes con la seguridad y el convencimiento de merecerlo porque, después de todo, hiciste las paces con ella y es el momento de ser feliz.

Y es que a veces se nos olvida que en lo cotidiano se encuentran las cosas más extraordinarias. Un abrazo largo, una conversación en el sofá, una sonrisa cómplice, un «lo que sea, pero juntos», un mensaje especial porque sí.

Qué bonita es la tranquilidad, algunas rutinas y la paz de encontrarse en el lugar adecuado.

Que te cuiden bonito y sencillo.
Que te hagan sentir importante.
Que seas feliz.
Sin mentiras.
Sin accesorios.
Sin superlativos.
Sin tanta dificultad.
Sin dejar de ser tú misma.
Sin tener que ganarte nada.

Qué forma tan especial de mirar la vida tienen algunas personas.

Qué suerte cruzarte con ellas y, sobre todo, qué bonito que se queden bien cerca.

Deletreando el amor

Más allá de los besos, del sexo y de las palabras: allí reside el amor.
En la sensación de sentirse cuidada.
Importante para alguien.
Valorada además de una misma.
La ilusión por hacerte sonreír.
Los pequeños detalles que te recuerdan a él o a ella.
Un abrazo porque sí. De los que te cierran los ojos y te envuelven.
El mensaje tonto del día.
Recibir un «esto es muy tú» y otras formas de hacerte sonreír.
Estar para lo bueno, pero también para lo malo.
Dormir junto a alguien porque es lo que más te apetece.
El beso en la frente cuando te quedas dormida en mitad de la película.
Echarse de menos. Y hacerlo saber.
Las ganas de volver a verse.
Que te escuchen, que te pregunten, que se interesen por ti.
Que conozcan parte de tu vida, de aquello que te gusta y de aquello que te da miedo.
Poder hacer el tonto juntos. A cualquier hora. Donde sea.
Que sea recíproco, complementario y equilibrado.

Ser equipo. Equipazo. El mejor lugar donde convertirte en tu mejor versión.
Ternura, empatía; ternura, empatía; ternura, empatía.
Siempre. Con generosidad.
Admirarse, sorprenderse, acariciarse, tenerse en cuenta.
Sentirse a salvo siendo uno mismo.

Porque el amor
se escribe con cariño,
pero se pronuncia
con hechos.

Tantas personas definiendo el amor
y tan pocas sabiendo ni tan siquiera deletrearlo…

Tenemos que *hablar...*

Amor

El «AMOR». Qué palabra tan difícil de explicar, ¿verdad? Vamos a dejar a quien sabe de definiciones que haga su trabajo. Según la Real Academia de la Lengua Española (RAE), el amor es…

> **Del lat. amor, -ōris.**
> *1. m. Sentimiento* ***intenso*** *del ser humano que, partiendo de su propia* ***insuficiencia, necesita*** *y* ***busca*** *el encuentro y unión con otro ser.*
> *2. m. Sentimiento hacia otra persona que naturalmente nos atrae y que,* ***procurando reciprocidad*** *en el deseo de unión, nos* ***completa, alegra*** *y da energía para convivir, comunicarnos y crear.*
> *3. m. Sentimiento de afecto, inclinación y* ***entrega*** *a alguien o algo.*

Bueno, mira, «*yastá*». Le siguen varias definiciones más, pero me sangran los ojos. ¿Qué narices es esto? Leyendo la primera definición me dan serias ganas de llamar a la RAE. Leyendo la segunda no sé si describe los efectos de una nueva droga o define una palabra. Y leyendo la tercera… la palabra entrega se cuela sigilosamente en nuestra cultura con el traje de buenismo y, cuando te lo pruebas, la dependencia emocional se cuela entre las costuras de las mangas.

Me niego a pensar que todo aquello que vemos a nuestro alrededor sea amor o sucedáneos. Todos ahí fuera buscando en alguien la solución a sus problemas, deseando compartir algo con quien sea con tal de no sentir el aparente vacío de vivir en primera persona, «*nosequé*» de una media naranja o un tío en pañales; otras haciendo extraños juegos de psicología inversa para llamar la atención de otros y, casi lo peor de todo, muchas personas perdiendo su esencia por el camino para intentar encajar en la vida de otra, y aun sabiendo que no les conviene, ahí siguen erre que erre.

Pensándolo bien: ¿cómo no vamos a tener *«problemas en el amor»* si tenemos tantas historias en la cabeza que poco tienen que ver con un amor sano? No es de extrañar que vayamos dando palos de ciego y que los temas del corazón nos traigan de cabeza.

Mitos y otras mentiras
QUE TE HAN CONTADO SOBRE EL AMOR

Nuestra forma de pensar determina el modo en el que nos comportamos y actuamos. Es decir: dependiendo de nuestras creencias así serán nuestras acciones y estas serán las que determinen nuestra experiencia como algo agradable o desagradable.

Si bien ocurre en todas las esferas de nuestra vida, en el amor cobra especial importancia ya que esta área puede ser un punto de conflicto o talón de Aquiles para muchas personas, o la mayor fuente de satisfacción para otras. Todo depende del modo en el que veas el amor; de las gafas con las que mires este concepto que tiene tantas interpretaciones como personas existen en el mundo.

Sin embargo, al nacer nadie nos incorpora un chip en nuestro cerebro con creencias, sino que esta labor se va haciendo con el paso del tiempo, a partir de las experiencias y de aquello que observamos en nuestro entorno más directo, en la sociedad y… ¡en las películas!

Existe una media naranja que está predestinada para ti

Claro, y vas tú y te lo crees. Vamos, que te lo zampas con patatas fritas porque te lo llevan diciendo desde bien pequeñita y qué bonita la fantasía de que exista alguien que encaje a la perfección contigo, ¿verdad? ¿Verdad? No, **MENTIRA.**

Esta no es una excusa para decirte la frase fácil de que *«todos somos naranjas completas». Nah.* Esto es un llamamiento a elegir ser la fruta que te dé la gana, por seguir con la metáfora. Que a pesar de sonar bonita la idea de conocer a una persona tan perfecta, es importante recordar algo que ya sabes de sobra: **ni existe la persona perfecta, ni existe alguien predestinado para ti, ni es amor sano que alguien encaje a la perfección contigo.** Ni mucho menos que te complete. En todo caso, un amor libremente decidido, sería bueno que te complementase, pero una pareja no nace para satisfacer tus carencias ni tus necesidades. **Ni tú las de la otra persona.** El amor está para compartirse, desde la independencia emocional y afectiva de cada una de las personas que decidan comprometerse de la forma que consideren oportuna.

Cuando hay amor, todo es posible

¿Realmente *«el amor todo lo puede»?* Cada vez que oigo esta expresión me imagino al amor a lo Hulk, con *bien* de bíceps y una buena espalda para soportar todo eso que se le presupone que tiene que aguantar.

El amor no es la cura ni el antídoto en muchas ocasiones, aunque se le haya presupuesto de toda la vida un superpoder. Hay miles de historias con mucho amor de base que, por otros motivos, han tenido que llegar a su fin. Y es que los valores, el momento vital, los principios, ciertas formas de ser, objetivos vitales, algunas actitudes o estilos de vida tienen mayor peso que el mero hecho de querer a una persona. Se puede querer mucho *con el corazón*, pero se convive con la cabeza. Y eso, a veces, es irremediablemente incompatible entre dos personas que, por mucho que se quieran, no están para convivir juntas o construir una relación de amor de pareja.

Definitivamente no: **con el amor no es suficiente.**

Amor a primera vista y la existencia del Príncipe Azul

Ay, querido Disney. ¡Cuánto daño nos has hecho! Y a ti, Jennifer Aniston, te culpo por mis grandes expectativas frente al amor. Ah, y a ti, Brad Pitt, por crearme falsas ilusiones respecto a los hombres.

La cantidad de lecciones que aprendemos de las películas. De amor romántico, claro. Del género comedia. Que no me extraña, por otra parte. Porque desde luego es *pa mear y no echar gota*: «Chica conoce a chico, se enamoran a primera vista y todo fluye misteriosamente hasta que, después de muchos contratiempos que impedían que estuvieran juntos, por fin, encuentran la manera. Primer beso. Todo es maravillo y, sobre todo, perfecto. Todo es perfecto. Él es perfecto; ella es perfecta. Nunca tienen días malos. Siempre guapísimos y aseados, con dinero para organizar mil planes y todo el tiempo del mundo para llevarlos a cabo. Aplausos. Fuegos artificiales. Se casan. Tienen hijos. Son felices. Y comieron perdices».

¿Pero cómo no vas a tener problemas para encontrar a una persona si te has tragado todas esas películas? Y peor aún: ¿cómo vas a mantener a alguien en tu vida si pretendes, anhelas o sueñas con que tu historia se parezca a esas dos horas de película?

Sabemos que son películas. Y una gran mentira, todo sea dicho. Porque en el mejor momento todo se acaba. Cuanto menos, sospechoso. ¿Por qué cuando de verdad viene lo interesante se termina la película? ¡Después del beso y de las primeras citas! ¡Ahí querría ver yo a Jennifer Aniston y a Brad Pitt! A ver si luego también es todo tan *jijijajá* como lo pintan.

En fin, para ser honestos, y sobre todo realistas, la mayoría de historias que vivimos con la ilusión de que sean comedias románticas, bien podrían estar en el género drama o, según los casos, en el de terror.

El amor, el de verdad, empieza después de los créditos.

Por amor se perdona todo

Desconozco el motivo por el que se le ha dado al amor el poder para poder hacer cualquier cosa, incluso el de perdonar cosas que no deberían dejarse pasar por alto.

La cosa empieza inocentemente con la excusa de que *«fulanito me quiere y lo ha hecho sin querer»* hasta que te ves un día perdonando situaciones que, si te contara un amigo o una amiga, a buen seguro le reñirías por permitirlo.

El amor no lo perdona todo. Tú decides qué perdonar, pero no en nombre del amor, sino porque consideres que es importante hacerlo o sencillamente te salga del corazón. De lo contrario, es mejor optar por terminar una relación donde la confianza o el respeto no son la base de aquello que os unió. Y no pasa nada. No es un fracaso. Es una ruptura. *«Yastá»*.

A pesar de haber estado condicionados por un bagaje cultural importante alrededor del *«aguantar a toda costa y pase lo que pase»*, estamos evolucionando un poquito por una sencilla razón: como cada vez son más las personas que deciden dejar de aguantar, sentimos menos miedo a que se nos critique por finalizar una relación. Total, *«¡quién eres pa criticarme si mírate tú…!»*

Ah, además, dentro del «*mal de muchos…*», sentimos menos culpabilidad y, oye, eso también ayuda y nos da un empujoncito a salir de la famosa zona de confort.

«*Contigo pan y cebolla*», no, gracias.

Para las heridas física se necesitan puntos de sutura. Para las heridas emocionales se necesitan puntos finales.

La pareja es lo primero y, para que funcione, hay que darlo todo

Se nos va un poco la olla con esto del amor cuando nos venimos arriba creyendo que lo mejor y lo más bonito que podemos hacer por la otra persona es darle todo. Como si a ti te sobrara el amor por los cuatro costados, vaya… Y entonces, dejamos de recordar lo importante: **de poco sirve que te quieran mucho, si te quieren mal. De nada sirve que tú quieras mucho, si quieres mal.** Si bien es cierto que querer a ratos y a medias no va de la mano del amor sano, irse al otro extremo y darlo absolutamente todo por el otro, tampoco.

No importa cuánto, sino cómo.

Y es que, **si das el 100% a alguien, te quedas con nada**. Así que la mejor filosofía está en el famoso: *Reparte, reparte… ¡y quédate con la mejor parte!*

Es importante tener especial cuidado con la creencia de que, si lo das todo, van a valorarte al completo y, de este modo, *se quedarán* en tu vida. Resulta bastante kamikaze la idea de darse de primeras al completo porque, aunque parezca lo contrario, es un error monumental que destroza muchos inicios de relación.

~~Solo dando el 100% van a valorarme al 100%.~~

Amor = corazón

¡Vamos a ver! Un poquito de Inteligencia Emocional: «**emoción**» no es lo mismo que «**sentimiento**». Una emoción es algo muy *instintivo* y *puro* que compartimos con el resto de mortales desde que nacemos y que, además, no podemos *controlar* porque del mismo modo que *viene*, se va. Un sentimiento, por el contrario, es algo más elaborado, es algo más personal, es algo que, en definitiva, sentimos de manera particular, ya que es **la interpretación que hacemos de aquello que está ocurriendo**. Es decir: añadimos un poco de *cabeza* al *corazón* en cuestión de sentimientos. Todas sentimos la emoción de alegría, aunque tengamos distintas formas de celebrarla, sin embargo, el sentimiento de amor cada una lo sentimos e interpretamos a nuestra manera, en función de nuestra experiencia.

Por tanto, **se quiere con la cabeza**. Tus interpretaciones de aquello que te ocurre serán la clave del amor. Del mismo modo que **una piedra puede ser arma o un pisapapeles.** La piedra es la misma. La interpretación que guía los actos que la siguen, no. Ocurre igual con «el amor» y todo aquello que compartimos con quien elijamos.

Sí, sí, como lo lees: **QUE ELIJAMOS.** El amor se elije, Mari.

El amor no te posee y te conviertes en una *«Chucky del amor»*. ¿Estás a merced de la química del cerebro? Evidentemente. El enamoramiento tiene su función para que el amor se abra paso y funcionen las relaciones. Sin embargo, si le añadimos un poquito de cabeza al corazón, quizá nos vaya mejor. Lo que viene siendo hacer cada cosa con lo que corresponde: pensar, con la cabeza.

Si eres *mu sentía*, ármate de recursos para añadir un poquito de cabeza al corazón. Si eres de las que calculan todo al detalle, desabróchate el cinturón del corazón y déjate llevar un poquito 😊

El **** hilo rojo

Cuenta una leyenda japonesa que las personas que están predestinadas a conocerse están unidas por un invisible hilo roj… VAMOS A VER. La idea de pensar que estamos unidos a las personas especiales por un hilo es muy romántica e incluso bonita, pero a veces se nos olvida lo más importante: **QUE ES UNA METÁFORA**. Dejar al destino, al universo o a un hilo que hagan nuestro trabajo en lugar de hacerlo nosotras mismas me parece un acto de poca responsabilidad. Y de pérdida de tiempo, vaya. Además… ¿En serio un hilo? **¿Es necesario atarse a una persona para unirse?**

Existen personas que conoces cuando menos te lo esperas y se convierten en alguien verdaderamente importante o significativo, sin embargo, me atrevería a decir que no existe nadie que mueva unos hilos como si fuéramos títeres para que los destinos se crucen y surja *la magia*.

Cuando ponemos el foco de control fuera de nosotros, el éxito también se lo lleva lo externo. Es decir: para bien y para mal, el hilo rojo es el «responsable» de unirnos a las personas y, cuando conocemos a alguien, le otorgamos el logro al **** hilo rojo.

Pero no. Para bien o para mal, la responsable de rodearte de personas que te aporten, sean especiales o lleguen a ser «hogar» depende casi exclusivamente de ti, de cómo actúes, de cómo trates a los demás y a ti misma, de cómo cuides el vínculo, de cómo te rodees y de cómo valores la presencia de ciertas personas en tu vida.

El hilo rojo no es el responsable de unirte ni de alejarte de nadie. Cuidado con mantener historias que han empezado de forma bonita y repletas de casualidades o causalidades, pero que no nos aportan aquello que queremos. Volver una y otra vez a una persona que no nos beneficia solo por pensar en la idea romántica de que un hilo os ha unido irremediablemente, no es una leyenda japonesa, es una relación insana.

El amor se elije.

Encontrar a una pareja es lo máximo a lo que aspirar, sin pareja no serás completamente feliz

Lo único que debemos *aspirar* para vivir es el oxígeno. Fin. ¿Qué ocurre cuando damos por cierta esta creencia? La peor de todas las opciones: aguantaremos cualquier cosa con tal de mantenerla pues, como dicta la creencia, a lo máximo a lo que puedes aspirar es a estar en pareja y, si la rompes, no lograrás ser feliz. Así dicho suena algo absurdo, ¿verdad?

Sin embargo, nuestro imaginario lo tiene tan asumido que no es nada tan descabellado vernos envueltas dentro de relaciones donde la base dista mucho del amor y el respeto por la mera justificación de que «es que le quiero mucho».

No nos engañemos: **eso no es amor, sino miedo.** Miedo a terminar algo que no te hace feliz porque, paradójicamente, es lo único que dicen que te hará feliz, plena y completa.

Si te ignora, es que está llamando tu atención y le interesas

En el patio del colegio, podría tener un pase. En la vida adulta, jugar es divertido si se divierten ambas partes. Validando esta falsa creencia, nos introducimos en peligrosos laberintos emocionales, juegos contradictorios y, de nuevo, en la antesala de relaciones insana que deterioran el amor propio y ajeno.

Si le interesas, mostrará interés. Si no le interesas, no mostrará interés. ¡Ah! Y aplícate el cuento tú también: si alguien te interesa, muestra interés y, si no te interesa, no lo muestres o marca límites.

Si ya es difícil conocerte a ti misma y convivir con ello, imagínate hacerlo con otra persona.

Pongámonos las cosas fáciles. Hagámoslo sencillo.

¡Pero si todo eso ya lo sé! ¿Por qué me sigue pasando lo mismo? Además de las anteriores, existen varias razones por las que nos suele ir mal en «temas del corazón», a cada cual más diferente y más personal.[2]

→ **Tus ejemplos de «amor».** O lo que es lo mismo: tus padres. ¿Qué has visto desde pequeña en casa? Tu primer ejemplo de amor determina de alguna forma tu concepto de amor, aquello que ves como normal, lo que está permitido, lo que no... Si aquello que viste en tu entorno más cercano, al crecer lo identificaste como algo alejado de la palabra *amor*, puede que tu patrón sea aceptar el mismo tipo de *amor* que viste. Y peor aún: creer que no mereces algo diferente.

→ **Carencias afectivas en la infancia.** Sin remontarnos a Freud ni tener la necesidad de tumbarnos en un diván, es importante al menos tomar conciencia de un aspecto: para una mujer su primer ejemplo de hombre es su padre. ¿Qué relación tenías con él? **A veces**, si no hemos tenido la aprobación, cariño o validación de nuestra figura paterna principal, tendemos a buscarla de mayo-

2 *El mejor lugar para tratar y trabajar en profundidad estos temas es en terapia, con un/a profesional de confianza y en un espacio donde poder conocerte, organizar toda la información y crecer por dentro.* ***No es necesario estar mal para querer sentirte mejor.***

res en otros hombres. Con el consiguiente peligro que esto conlleva: la dependencia emocional.

Como me va la marcha, me voy a meter en un charco añadiendo algo más: existe una creencia (errónea, *of course*) de que el hombre «por naturaleza» *tiene que* proteger a una mujer frente a cualquier peligro. En su momento, era aplicable a los peligros propios de vivir en una cueva y convivir con mamuts. Hoy en día, los peligros tienen una tendencia más emocional que física. Esto así dicho es una tontería como una catedral, sin embargo, a veces determina algunos modos que tenemos de relacionarnos, ya que cuando nos falta ese cuidado por parte del otro se activa dentro de una misma un sentimiento de desprotección y/o traición. En otras palabras: **cuidado con buscar un *padre* que te proteja en una relación de pareja con un hombre.** Ni es amor, ni un vínculo sano, ni un pasado trabajado, ni la base de una buena autoestima.

→ Del mismo modo ocurre con los chicos en **relación a su madre**. Y, aunque si eres mujer ese problema no te corresponde a ti tratarlo ni cargarlo, es bueno tenerlo en cuenta porque suele ir de la mano de la respuesta a una pregunta: ¿cómo trata *ese* chico a su madre? Del modo en que se relacione con la primera mujer de su vida, así se parecerá el trato que tenga con el resto de mujeres cercanas en su intimidad. Vamos, que, aunque sea una generalización (porque lo es), cuando elijas, procura que se lleve bien con su madre. ¡Por si acaso!

→ **Capas, capas y más capas.** Como si de una cebolla te tratases, te recubres de mil capas para evitar el daño y el sufrimiento, olvidando tu esencia y la parte más auténtica de ti. Está bien protegerse; sin embargo, a veces esas capas se pegan con tanta fuerza a nuestra personalidad que se convierten en tatuajes que confundimos con nuestra forma de ser. ***«Es que yo soy así»*** **jamás será una respuesta a nada.** Estás a tiempo de ser quien eres, de protegerte en ciertos momentos y de dejar salir *tu mejor tú* en la mayoría de ocasiones.

→ **No sabes lo que quieres** y, si lo sabes, **crees que no lo mereces**. Aunque pueda parecer algo atrevida esta afirmación, es importante reconocer que muchas de nuestras mayores dificultades a la hora de alcanzar nuestras metas, objetivos o anhelos es que creemos no merecerlos.

Dicho así suena un poco feo, pero, casi con total seguridad estarás en el alto porcentaje de personas a las que les cuesta menos dar que **recibir**. En otras palabras: se te da bien ofrecer a los demás, sin embargo, te sientes algo incómoda cuando se trata de recibir algo de alguien: un cumplido, un regalo, un abrazo, un favor... Son ejemplos, de entre muchos, que suponen cierta incomodidad interna en algunas personas no porque no les guste, sino **porque quizá no estén acostumbradas a ello.**

Estamos más habituadas a aguantar y resistir aquello que nos hace mal que a abrirnos a recibir aquello que merecemos y nos hace felices. **Damos por hecho la cara menos amable de la vida** y, cuando recibimos algo bueno, nos sorprendemos e incluso nos sentimos un poco culpables y damos las gracias mil veces. Pero, si tú harías eso por una persona, ¿por qué no van a hacerlo contigo?

Si a ti te apetece compartirte con otra persona y darle amor, ¿por qué otra persona no va a querer hacer lo mismo contigo? Esto está íntimamente relacionado con nuestra autoestima porque, aunque de *cabeza* nos sabemos bien la lección, de *corazón* a veces nos falla la práctica. No nos sentimos suficientes y, de manera inconsciente, boicoteamos muchos de los vínculos que establecemos con otras personas. No es que *te vaya la marcha* o *te pirre que te den caña* todo el rato, sino que tal vez estés más habituada o inconscientemente creas *más justo* ese sentimiento. Si creo que no merezco tanto, no acepto tanto o lo estropeo sin querer.

Sin embargo, y sin excepción, mereces ser feliz, **mereces recibir el amor que das,** mereces una pareja si así lo deseas, mereces que las cosas te vayan bien y mereces regalarte la oportunidad de empezar de nuevo. **Mereces, por encima de todo, sentir que eres una persona merecedora, suficiente y capaz.**

Ojalá hiciéramos más caso a nuestra *brújula interna.* En cantidad de situaciones sabemos que ahí no es. Pero ahí que vamos como la polilla a la luz. *Erre que erre.*

Si te fallan las agujas de la brújula, tengo una pequeña guía para ti. Para que, a la siguiente, si la cagas, sea por decisión propia. Y, como diría mamá, escucharás de fondo un: «*Te lo dije*» 😇

WARNINGS DE (POSIBLES) SITUACIONES Y (POSIBLES) PERSONAS

De todas las formas posibles de perderte a ti misma y de echarte a perder, he elegido las que suelen repetirse con más frecuencia y las trampas en las que solemos caer casi sin darnos cuenta.

Algunas personas son como los anillos del chino
que te dejan marca verde en el dedo:
aparentan ser algo que no son
y encima dejan una huella fea en ti.

Tras un breve estudio de campo, he tratado de resumir algunos de los perfiles que puedes encontrar en este tramo del viaje. Ten en cuenta que aquí solo se recogen ciertas pinceladas, dado que cada persona es un mundo y no me va mucho el hecho de generalizar. Peeeeero, de vez en cuando, viene bien echarle sentido del humor, ¿no? Y aclaro que esto va de reírse de una misma, no de nadie. ¿Entendido? ¿Sí? Pues vamos allá. Cualquier parecido con la realidad es pura coincidencia.

→ **El primero que te toca las palmas, *like a tablao flamenco.*** A ver. Está muy bien eso de que alguien se fije en ti después de todo lo que has pasado e incluso taconear un rato al ritmo del palmeo de un churri. Pero «*unpoquitodeporfavor, Mari*». No te me vengas «*arribi*» con cualquiera. Es bonito darse la oportunidad de conocer a personas, pero tampoco es necesario tirarse a cualquier piscina cual Michael Phelps sin ni tan siquiera saber si hay agua en ella. Si cuando cualquier cosita (o todo) te vale para rellenar el vacío: tú no buscas pareja, buscas un bote salvavidas. ¡Reflexiona sobre esto desde la *toalla*! ¡Lejos de la *orillita*!

→ **Los encantadores de serpiente.** ¿Te acuerdas de Ka, la serpiente de la película *El libro de la selva*? No te fíes de *todos* los que te dicen mil cosas bonitas y ven en ti cosas maravillosas SIN conocerte. Sospecha de quien de primeras te adula constantemente. Es muy sugerente la idea de que en estos momentos te *suban* un poquito la autoestima, sin embargo, este tipo de personas lejos de fomentarla, la disminuyen a corto plazo. ¿Por qué? Fácil: porque están proyectando en ti su propia inseguridad o las ganas de que *«loqueseaquetengais»* salga bien de manera rapidita y así conseguir cubrir sus propias necesidades de apego, reconocimiento de una mujer, validación de su propio ego o miedo a la soledad, entre otros. O, básicamente, te está comiendo la oreja para llegar a la boca, entre otras cosas. *Who knows.* En este mundo hay de *to.* ¿Consejo de amiga? **Si no me conoces, no me adules constantemente.** Trato de quererme con lo bueno y con lo malo. Bájame del pedestal, no hace falta que me hagas más grande.

→ **Los mareadores profesionales**. Aparecen y desaparecen como el río Guadiana. Y, ¿sabes qué te digo? ¡Que ya está bien! **Quien quiera dar vueltas, que las dé contigo** y con un sentido diferente al de marearte. No estás para perder el tiempo.

A veces hay situaciones muy parecidas a la película *Toy Story*. Qué alegría y qué alboroto cuando el niño elegía al vaquero, ¿eh? Pasaba pocas veces porque, en realidad, prefería a Buzz. Pero oye, qué alborozo y qué sensación de *sentirse elegida* siente una cuando, a pesar de no ser su primera opción, la eligen por un ratito (**ironíaON**). Si quieres mantener tu autoestima en el lugar que merece: sal corriendo de ahí.

→ **El interesante.** *«Yo es que no tengo pareja hace tiempo y me cuesta eso…», «No creo en el amor…», «A mí es que me da miedo el compromiso…». Ou mamma.* Y ahí vas tú, cual polilla a la luz. Intentando ser diferente al resto y la mujer que le haga cambiar de opinión y creer en el amor. Pero déjame decirte algo: NO TIENES QUE CONVENCER A NADIE DE NADA, ni ganarte el cariño de nadie. El amor no va de salvar a una persona, ni de demostrarte a ti misma y al otro que tú eres diferente. ***Meh…* Todos somos diferentes.** Si alguien quiere conocerte, que lo tenga claro. De lo contrario, «*hastaluegomaricarmen*». Una cosa es el *tonteo* y sacar tu mejor versión y otra bien diferente es que todo te suponga un reto o una demostración unilateral con luces de neón para llamar la atención del otro. Psss, escucha: TÚ YA NO NECESITAS ILUMINARTE DE MÁS PARA LLAMAR LA ATENCIÓN DE NADIE. Mereces a alguien que sepa ver tu brillo, así, tal cual, ahora.

→ **Aladdin y su mundo ideal.** Mil promesas que nunca se cumplen. *Mucho liriri y poco lerele.* Te venden la moto y hasta la alfombra voladora. Y tú se la compras. Vamos, ¡tienes hasta el casco comprado y todo! Pero a la hora de la verdad: NADA. One more time: «*hastaluegomaricarmen*». *Thank you, next.*

→ **Rose, en *Titanic.*** Existen historias que aparentemente son superbonitas y de película… ¿Recuerdas la famosa tabla cuando se hunde el barco? La versión adaptada de este tipo de historias es parecida al «*momento tabla*». Todo son risas hasta que se ponen las cosas chungas y a la hora de la verdad, te deja en el fondo de los mares. **Y todas sabemos que en esa tabla había hueco para dos.** ¡Había espacio para la vida y el final feliz! ¡*James Cameron* nos jodió la historia y nos traumatizó para siempre!

→ **El «no eres tú, soy yo».** JAJAJAJA. Ay. Mírate, encima se te cae la baba y te piensas que está mirando por ti. Amigui, el «*te mereces algo mejor, no eres tú soy yo*» puede sonar muy de peli romántica o de amor imposible, pero lo cierto es que esconde una triste realidad: si alguien tiene que decirte algo que deberías haber visto tú antes, dice más de ti que de aquel que tienes en frente. Si te valoras, no permites estar en lugares que no te valoran. POR FAVOR, no estires tanto *el chicle* en lugares donde sabes que AHÍ NO ES. **Es importante que seas tú la que piense que mereces algo mejor**, no esperar a que el otro te lo diga. Fin.

→ **Personas «guardia civil».** Es curioso cómo algunas personas tienen el poder de sacar lo mejor de nosotros y otras, sin embargo, hacer que nos convirtamos en algo que no somos. De entre todas las situaciones que más estrés me generan, una de las peores es cuando voy conduciendo y veo un coche de la guardia civil. Yo, que llevo todos mis papeles en regla y me sé de memoria el *«si bebes, no conduzcas»* y *«ponte el cinturóóóón, protege tu vidaaaa»*. Da igual lo legal que lo tenga todo que en presencia de estos seres yo me siento una delincuente. Igual ocurre con algunas personas. Sabes que no has hecho nada mal, pero te hacen creer que sí y te pones nerviosa y te vuelves torpe, confirmando su teoría: eres torpe (por decirlo elegante).

→ **El Kinder sorpresa.** ¿Sabes esa situación en la que va todo bien, te adaptas temporalmente a los ritmos del otro, tienes más paciencia que el santo Job y un día tienes un fallo (porque eres humana, *remember*) y justo ese hecho es el que hace que «*quiensea*» de repente se largue/se agobie/ cambie su forma de tratarte? Je. Es tan evidente desde fuera y tan incomprensible desde dentro, ¿verdad?

Algunas personas justifican su cobardía a costa de un *error* tuyo y eso, querida amiga, es un problema de quien tienes enfrente y no de tu persona. ¡Parecía una cosa, pero escondía otra! Aunque en ese momento el foco esté en ti, en tu error, en tu culpita, en tu… ¡Anda ya! Quien bien te quiere, te quiere humana, real, de carne y hueso y con sangre en las venas. Cuídate de las personas que agrandan un error tuyo para tapar carencias suyas y más aún: no te culpes por perder la paciencia, equivocarte o no ofrecer aquello que se espera de ti. Repite conmigo: ***las personas perfectas solo están en los libros de anatomía humana y medicina.***

→ **El yoyó** o **el ombligo del universo.** La persona que se tiene en (aparente) alta estima y te lo hace saber. Constantemente. *Yo soy tal, yo soy cual, porque yo he hecho, porque yo tengo, y yo más…* Pereza máxima. Desconfía de las personas que no dejan de hablar de sí mismas en alto sin preguntarte a ti nada, sin interesarse por ti o redirigiendo la conversación constantemente a su tema en cuestión. Que su onanismo no te salpique: aléjate de las personas que se creen la última piruleta del universo si quieres conservar tu propia autoestima. *Besis, a(Dios).*

→ Otra situación no menos frecuente y que espero que no vivas es aquella en la que conoces a una persona, hablas un poquito y, como si fuera obra de un tsunami, desaparece. Vamos, que le han puesto nombre y todo porque se ha puesto de moda: ***GOSHTING***. Se me ponen los pelos como escarpias al pensar que algo así pueda ponerse de moda. Pero sí. Pasa. El día menos pensado. O eso me contó *una amiga de mi amiga*. Je, je. El caso es que te quedas con cara de tonta, y en esta ocasión no me preocupa *Cásper* o el sujeto en cuestión, sino tú: en estos casos es muy sencillo preguntarte a ti misma qué narices has hecho **TÚ** mal para que haya ocurrido esto. Otro palito más a tu lista de fracasos amorosos. Suma y sigue la lista. Resta y baja tu autoestima. Cuidado con tropezar varias veces seguidas con este tipo de personas pues tienen el poder de arrasar con tu ilusión, amor propio y bienestar emocional. No asumas problemas emocionales de otras personas, *plis*.

→ Una variante del *Goshting* es el ***Moonwalking.*** Esa persona con la que tienes contacto, incluso quedáis, va todo bien, qué majo, jajajá y tal… y, de repente, dos variantes: cuando consigue acostarse contigo desaparece lenta y sigilosamente haciendo un *moonwalking*, respondiendo a tus mensajes a cuentagotas o poniendo excusas como que está muy liado (yo no, estoy aquí todo el día sentada esperando noticias tuyas… **ironíaON**); o sigue quedando contigo e, incluso, te monta una película preciosa compartida de futuro y, en cuanto ve que te lo tomas en serio, «*ay me agobio, no sé si quiero una relación, no quiero hacerte daño…*»

En fin, me inquietan las personas que se creen tan importantes y centro del universo como para ocupar la posición de evitarnos el daño (como si eso dependiera exclusivamente de él o ella) o de dar por hecho que nosotras queremos una relación. *(«Holi, soy igual que tú y tengo derecho a elegir si quiero algo con alguien como tú, y mis propios recursos personales para evitar tu daño).* **Ojalá hubiera más personas asumiendo lo evidente y hablando en primera persona sin excusas ni tonterías varias. Ojalá más personas diciendo claramente: *lo siento, no quiero estar contigo.***

→ **Los muñecos rusos** o, en otras palabras, las personas con diferentes formas de actuar en privado y en público. No sabes por dónde viene el aire con este tipo de seres humanos. De pronto son cariñosos en privado y en presencia de otras personas parece que no haya nada entre vosotros; o se dirigen a ti de una forma por WhatsApp y otra en persona. En definitiva y como dirían en mi tierra: nunca sabes *cómo caza la perrina* o *de qué pie cojea* esa persona. Vamos, que según el día no sabes con qué parte de la muñeca rusa te estás relacionando. Y déjame decirte algo: si bien la sorpresa mola, en cuestiones de amor mejor no jugar al despiste porque termina desgastando y suele ser la antesala de una relación insana. Todas las personas tenemos diferentes formas de relacionarnos según el entorno o estado de ánimo, sin embargo, hay un denominador común a todos los contextos: **el vínculo que tengáis no debería cambiar en ninguno de ellos.**

→ **Los *gremlins*.** Esos seres con los que hay que ir de puntillas porque, de lo contrario, se convierten en especímenes alterados. Dícese de aquellas personas con las que hay que tener paciencia extra porque tienen alergia al compromiso, cuando en realidad lo único que quieren es *tiki tiki miau miau* con todas. *Chau.*

¡Se abre la veda! Digo, ¡el campo de minas!

WARNING 1

Quizá estés pasando por una mala racha, pienses que todo te sale mal y que todos los palos te caen a ti. Es posible que así sea. Sin embargo, eso no significa que tengas que estar esperando el siguiente palo. Cuando te defiendes o te proteges estás evitando que entre en tu vida algo malo, sí, pero también todo lo bueno que tienes por delante y no dejas que así sea.

«Dos horas buscando en Netflix una película y te duermes a los 5 minutos». ¿Te suena? A veces, hacemos lo mismo cuando conocemos a alguien nuevo. Le damos mil vueltas, buscando pros y contras (a veces para defendernos, otras para protegernos), pero el resultado en muchas ocasiones es el mismo: una vez que das el paso, luego resulta que no era para tanto, te aburres o no tiene nada que ver contigo. ¿Por qué pasa? Porque te montas la película en tu cabeza en lugar de darte la oportunidad de conocer, de saber sobre esa persona y de comprobar si te interesa o no. **A veces perdemos más tiempo eligiendo la película que viendo la propia película.** Igual con algunas personas. Ojalá dejes

de hacer cábalas sobre la vida de la persona que de primeras te gusta y te des la oportunidad de conocerla. A veces, un simple café es necesario para despejar tus dudas o ser el primero de muchos cafés. No pierdas tanto el tiempo en tu cabeza.

Warning 2

No es lo mismo tener **una relación de pareja que una relación de diversión y/o placer.** Ambas son lícitas e incluso muy sanas, pero solo si las dos partes tienen las reglas claras. Antes de embarcarte en cualquiera de las anteriores opciones sería bueno pensar desde cuál de las dos te mueves para evitar ir como *pollo sin cabeza* o quizá decepcionarte y verte involucrada en situaciones un tanto incómodas. ¿Quieres solo diversión? Busca solo diversión. ¿Quieres una pareja? Diviértete, sí, pero ten claro qué buscas en una pareja. Puede parecer un sencillo juego de palabras, pero esta reflexión es más importante de lo que a veces creemos ya que, en cantidad de ocasiones, vamos (aparentemente y con la boca pequeña) buscando solo diversión cuando en el fondo queremos una relación. Y no, amiga, son dos juegos diferentes. Un día estás *happy* disfrutando y el siguiente mirando el móvil porque *«no me escribe»* y *«vaya tela todos los hombres son iguales, van a lo que van»*.

No, no… **¡No todos los hombres o las mujeres *son iguales*!** (¡Obviamente!). A veces el problema es que una sigue siendo la misma y repite los mismos patrones y quizá, y solo quizá, se equivoca de juego y mezcla las reglas. *Ya tú sabeh*: el *escondite* no tiene las mismas reglas que el *Scrabble,* querida. Para evitar malentendidos y disfrutar al máximo de aquello que elijas, escúchate, conócete, conoce el juego, sus reglas y… ¡a *gosssssar!*

WARNING 2 (BIS)

Existe una práctica ancestral que versa del siguiente metafórico, profundo y sencillo modo: **«Un clavo saca a otro clavo».** *Be careful.* **A veces el boquete que hace el clavo nuevo puede ser mayor que el hueco que teníamos antes.** En terreno árido de amor propio difícilmente crece un amor sano de pareja, por mucho abono de la pasión y de las primeras veces que le eches. ¿Por qué? Porque rellenar vacíos con más vacío pocas veces suele ser la mejor opción. En numerosas ocasiones, para evitar el dolor que supone una ruptura no superada o una ausencia no elegida, tendemos a rellenar el espacio para anestesiar dicho dolor. O para sentir que al menos elegimos algo en nuestra vida. O como una especie de autoafirmación ante un ex. O por el motivo que sea. El caso es que, si optas por este método poco aconsejable, seas al menos consciente de ello. No se trata de acertar, de hacerlo todo bien o de ser perfecta: se trata de ser consciente y libre de elegir. Si te hace sentir bien, adelante. Si, por el contrario, *el clavo* te hace sentir más vacía, **ahí no es.** Recuerda que **recuperar tu autoestima es una carrera de fondo, no un *sprint*. No existen los atajos.** Cuidado con los **amores de ocasión** porque, al igual que ocurre con la ropa, puede que hayan estado de moda en algún momento, pero lejos de ser una oportunidad, a veces suponen una gran rebaja.

WARNING 3

Entonces, a ver, para centrarnos un poquito. Ya lo sabes. Ok. Quieres una pareja. Ok. **¿Qué buscas en ella?** Si bien no se trata de tener un riguroso listado cual *Señorita Rottenmeier*, está bien tener una pequeña guía a cerca de algunos aspectos que quizá sean innegociables para ti ya que, a veces, vamos dando palos de ciego porque, aunque sabemos que *todo* no nos vale, no tenemos ni idea de aquello que es requisito fundamental para hacer algo tan íntimo y personal como construir una relación de pareja. ¿Qué aspectos son importantes para ti? ¿Hay algo que sea imprescindible, además del respeto?

Dos que duermen en el mismo colchón, se vuelven de la misma condición. Elige bien. **Que te guste. Que le admires. Que te haga mejor. Que te aporte. Que le tengas ganas.**

Warning 3 (bis)

«*Ay, madre mía que ahora más o menos sé lo que quiero*». En este momento, tus miedos, como si de un comité de sabios se tratase, se reúnen todos juntos y, sin permiso, conspiran en tu contra. Ahora saldrán a relucir todos esos miedos sobre tu valía personal, tu capacidad para tener una relación, y, misteriosamente, empiezan a venir a tu mente el resto de personas que llegaron a tu vida para irse por el motivo que fuera. **STOP.** Es buen momento para plantearte algo: ¿Buscas una relación para llevarle la contraria al falso comité de miedos o lo haces, por el contrario, por y para ti misma? **¿Buscas una relación de pareja por ti misma, por tus expectativas, por tu entorno, por el qué dirán**, por el *arroz* que dicen que se te va a pasar o para callarle la boca a todas las voces que habitan en ti? Toma conciencia de que el ego a veces nos juega malas pasadas en forma de inseguridad, *(«si podré volver a sentir», «si estaré a la altura», «si tendrá razón mi ex y si nunca estaré preparada para estar con alguien»).* **Todas las mujeres que habitan en ti tienen voz. Elige bien a cuáles le das protagonismo** porque serán las que determinen tus sentimientos y, por ende, tus elecciones en el amor.

WARNING 3 (¡BIS, BIS!)

Cuando elegimos la primera opción —es decir, para llevarle la contraria a nuestra soledad, nuestro entorno o nuestro ego—, ocurre algo que es probable que te resulte familiar: conoces a una persona y se vuelve el centro de tu vida y «*madremíaquéfuerte, estamos hechos el uno para el otro, qué alegría, qué alborto, estoy que ni me lo creo*». **STOP**. Cuidado porque si has elegido desde esa óptica, este superamor no es otra cosa que una regla de tres simple y directa: **el grado de exaltación del nuevo amor es proporcional a la cantidad de soledad que sentías previamente en tu vida.** Has elegido una persona para compensar ese vacío y no para disfrutar y construir desde la calma y el amor propio.

Desde ahí, se avecina el peor de los desenlaces: dependencia emocional si se mantiene el vínculo o ruptura complicada si se termina.

SUPER WARNING

Mírate: con el sentido común de adorno. ¿En qué estás pensando para hacer eso? A veces seguimos el juego a algunas personas por sentirnos elegidas y así confirmar que no hay nada malo en nosotras, reafirmar nuestra valía, sentirnos deseadas, gustar o validar que somos suficientes para alguien. Olvidando que eso dista mucho del amor. **Y del amor propio, más aún.**

SUPER WARNING (BIS)

En otras ocasiones, el miedo a la soledad se cuela por las rendijas de nuestro amor propio en forma de nostalgia. Y es probable que nos autoengañemos diciéndonos que estamos preparadas para tener una relación cuando en el fondo lo que sentimos es vacío o falta de cariño. Sería bonito hacer una reflexión contigo misma y pensar desde dónde estás eligiendo relacionarte: ¿para acercarte a construir algo con alguien o para huir de algo o alguien? Ojo, ojo, ojo: **si eliges a las personas para no estar «sola», cualquier compañía va a ser suficiente para ese fin.** Y, no nos conocemos querida, pero tengo la intuición de que «cualquier cosita» no es apto para ti. Y menos mal.

Hiper mega warning

Va, has conocido a alguien y… «*tía, no me ha escrito en todo el día, hoy sus mensajes eran un poco más distantes, hace muchos días que no me dice de quedar, me habló por la mañana y no he vuelto a saber nada de él, (…) pero le da ha dado* like *a una publicación o ha visto mis* Stories *de Instagram…*» y un largo etcétera. ¿Te suena? Quizá más de lo que te gustaría, ¿verdad? Cuando, tras pasar una mala experiencia, conoces a una persona que te gusta, intentas tenerlo todo bajo control. No es nada extraño, ni te ocurre nada raro: es tu aparente forma de evitar el posible daño. Sin embargo, no caemos en la cuenta de que esa actitud genera más daño y terminas entrando en un bucle de *«ansiedad* autocreada» e innecesaria pues, querida amiga, no podemos controlar muchas situaciones que ocurren a nuestro alrededor.

Ni mucho menos decidir qué deberían hacer los demás.

Por eso me temo que en estos casos es necesario tener en cuenta que no hace falta tener toda la información sobre algo para que salga bien: **basta con aprender a soltar, bailar con la incertidumbre, dejarse llevar un poquito y *let it flow*.**

Nadie saca lo mejor de sí mismo en un estado de ansiedad.

Obvio, ¿no? Vaya mal momento has elegido para crearte tú solita ansiedad: justo cuando estás conociendo a alguien, ¡el momento donde se supone que las dos personas intentan sacar lo mejor de sí mismas! Por ello, quizá sea bueno relajarte y ser tú misma ya que, cuando intentas controlar la situación para evitar el daño, además de no conseguirlo porque es imposible, no muestras tu mejor versión.

¿Y sabes qué ocurre cuando eres tú misma? ¡Magia! Le estás regalando un espacio maravilloso al otro para ser él mismo. Y entonces sí: si ambos os mostráis de ese modo será más sencillo saber si te gusta o no te gusta; si le gustas o no lo gustas; si continuar o «*thank you, next*». En definitiva, no existe mejor forma de conocer a una persona que poco a poco y con las cartas sobre la mesa. Pero las reales. Las de verdad. Las que, honestas y auténticas, se ponen sobre la mesa para intentar jugar sin trampas y divertirse durante toda la partida.

Hiper mega warning (bis)

«Estoy rayada y no puedo dejar de pensar en él». *«Menuda faena, querida»*. Ahora que te tocaba disfrutar, vas y te rayas. Y te pasas el día intentando convencerte de que NO tienes que pensar en él, de que NO merece la pena malgastar el tiempo en eso, de que NO es normal esto que ha pasado. Y así, día tras día, con el NO en la boca y en el pensamiento estás fomentando aquello de lo que quieres huir: pensar en esa persona. Pareciera magia negra eso de que **cuanto menos quieres pensar en alguien, con más fuerza aparece en los pensamientos,** ¿verdad? Pero lo cierto es que **nuestro cerebro no entiende el NO** porque no tiene representación gráfica en nuestro cerebro. *«¿Pero qué movida me estás contando?»,* pensarás. Normal… Pero hagamos una cosa: si te digo que NO pienses en un dinosaurio rosa trepando por un árbol, en estos momentos tu cabeza está representando ese dinosaurio rosa trepando para «tacharlo». Es decir: nuestro cerebro necesita imaginar las cosas que queremos evitar pensar para poder tacharlas. Con lo que, paradójicamente, **pensamos el doble en ello.**

Sin embargo, la mayoría de las veces, el tiempo que estamos invirtiendo en darle vueltas en bucle a algo es directamente proporcional a la una **necesidad o conflicto interno** sin resolver. Escúchate, amiga. ¿Qué es aquello que realmente *te inquieta, te atormenta o te perturba?* ;)

Hiper mega warning (bis, bis)

«¡Si le acabo de conocer! ¿Por qué me afecta tanto esto?». Pues por lo que decíamos antes, Mari. A ver. A veces sale mal cuando conocemos a alguien. Pero no es justo precipitarnos lentamente a los brazos del drama por historias breves con personas que apenas conoces. Porque de nuevo se pone de manifiesto una herida, una carencia o algo sin resolver dentro de ti. Es bastante frecuente pasarlo mal por alguien que *recién* hemos conocido y poco común hacernos una pregunta importante: **¿no te parece raro que alguien que acabas de conocer te desordene tanto, tanto, la vida?** Sé que cada historia es diferente, que cada una tiene su intensidad y sus tiempos, pero no podemos permitir que historias de personas *prácticamente desconocidas*, nos dejen por los suelos de esta forma. ¿Me explico?

¡Si cuesta toda una vida conocer a los de siempre, imagínate a alguien que acaba de aparecer! Sin embargo, a veces es inevitable que ocurra. **¿Por qué duele tanto?**

> Porque no hiciste bien el duelo anterior y **todo lo reprimido, no vivido o no aceptado, sale con más fuerza** en esta ocasión.

> Por todo lo que significaba (de manera simbólica) esa persona para ti: la primera vez que vuelves a abrirte tras tu ruptura, el lugar donde depositaste tus ilusiones, la vez que confiaste de nuevo... **A veces no nos duele el dolor, sino lo que significa para nosotras volver a poner el corazón en la mesa** y que, una vez más, vuelva a salir de forma diferente a la esperada.

> Porque han tocado a tu *niña herida*, *one more time*. Todos y todas tenemos heridas emocionales, unas más profundas que otras; unas más identificadas que otras. Lo cierto es que en nuestra infancia a veces nos faltan aspectos emocionales

que, al no ser cubiertos, seguimos portando dentro de nosotros en nuestra edad adulta. *«Falta de aprobación», «Demostrar que eres valiosa», «Buscar el reconocimiento de papá o mamá», «Que se valore quien eres», «Miedo al rechazo», «Que acepten tus decisiones», «Falta de cariño»*... Existen numerosas carencias en forma de herida que funcionan del mismo modo que una herida física: **cuando alguien la roza, vuelve a sangrar. Y, cuando no está cerrada, todos los golpes van al mismo lado**. Con las heridas emocionales ocurre algo parecido: si, por ejemplo, tu herida está relacionada con *demostrar tu valía para que te quieran*, cualquier situación alrededor de dicha herida va a resonar con más dolor del «esperable». Es entonces cuando los decibelios del dolor suben si un chico, por ejemplo, decide irse después de implicarte al 100% a pesar de conocerle hace relativamente poco tiempo.

Los demás puede *rozarte* la herida, pero **la responsabilidad de cerrarla y cuidarla es tuya.** Si quieres sanar heridas emocionales, busca ayuda de un profesional.

Aquí podríamos poner muchos asteriscos pues entramos en un terreno íntimamente personal e intransferible a la experiencia de cada persona.

Y, sobre todo, añadimos un
Tip Diosa del Olimpo
very important:

un libro JAMÁS sustituirá
un proceso de terapia.

Extra warning

La relación no es un espacio de terapia. Los traumas, para el diván. Que cada uno venga salvado de casa, gracias. Si la persona ha salido hace poco de una relación, es importante que tengas en cuenta que, si te aventuras en un vínculo tan delicado, la paciencia será tu mejor amiga, la frustración aparecerá más de lo que te gustaría, el miedo asomará cuando menos te lo esperes y la ilusión hará que tu apuesta se tambalee y, aquel sentimiento de valentía que impulsó un *all in* por tu parte, retire fichas poco a poco si la partida se estanca y no avanza por el camino de la ilusión, el cariño y la diversión.

Nadie elige los tiempos ni cuándo conoces a una persona especial, pero sí puedes elegir dónde implicarte, involucrarte y formar parte. Ten en cuenta que cuando estás en esta posición, eres un niño pequeño que se muere de ganas por jugar en el patio del colegio, pero su compañero no está preparado para jugar a lo mismo que él. Si bien es bueno practicar la paciencia, también lo es mover ficha y marcar límites. Cuando empatizar con otro duele, es momento de hacer un *tiempo muerto,* parar el juego y pensar si realmente quieres seguir jugando, si mereces algo a medio gas o si tienes el corazón a prueba de algo que, durante un tiempo, no ofrecerá ni su mejor cara, ni su mejor versión. Tú decides. Pero recuerda que el amor de dos es un juego de dos y cada parte tendrá necesidades diferentes que tenderá a cubrir a toda costa para alcanzar el mayor bienestar posible.

Extra warning (bis)

¡Cuidadín con elegir a personas emocionalmente inaccesibles! Algunas personas tenemos una especie de *chip* que nos guía a **arreglar lo roto, enderezar lo torcido o meter la cabeza por donde el corazón no cabe.** Si a menudo eliges a personas *rotas por dentro*, con problemas emocionales, que no están en su mejor momento, que no están preparados para estar en una relación, que tienen dificultades, etc., entonces coge el espejo y mírate bien: ¿estás desviando tu atención hacia los demás para no mirar algo dentro de ti que quizá no funcione? ¿Por alguna razón necesitas sentirte útil en la vida de las personas con las que te vinculas sentimentalmente? ¿O quizá solo conozcas como forma de relacionarte con otra persona el hecho de hacerte imprescindible por miedo al abandono, a que no te valoren o no te quieran? ¿Tienes, quizá, un rol de «salvadora» que hace que te fijes en personas que tienen algún problema?

Porque, de ser así, déjame decirte algo: **no necesitas salvar la vida de nadie para ser valiosa** o una gran mujer con la que compartir tu tiempo. Y, sobre todo, si este es tu caso, necesitas saber con urgencia que, para amar, no necesitas hacer grandes sacrificios, ni ganar puntos ni méritos por el hecho de mejorar la vida de la persona con la que estás relacionándote. Recuerda que **el espacio de la pareja es un lugar para mejorarse, no para arreglarse.**

Extra warning (bis, bis)

Todo tiene su momento. Al igual que cuando no tienes una infancia de niño, te pesa por los siglos de los siglos (¡amén!); no vivir una adolescencia en su momento la alarga hasta el infinito y más allá. Con los adultos y el amor pasa algo parecido: si haces de psicóloga, él se convierte en tu paciente. Si haces de Teresa de Calcuta, él en tu ayudado por altruismo. Si eres su secretaria, él en tu jefe. Si cuidas a tu pareja como un niño eso te convierte automáticamente en su madre. **TU PAREJA ES TU PAREJA**. Si quieres hacer cosas de adultos con él o ella, no le trates como un niño o una niña 🙊

Ay… la cantidad de veces que nos enredamos más que los cables de los auriculares. Menos mal que, en el fondo de una misma, todo esto resuena de alguna forma porque sabemos más de lo que decimos, pero callamos más de lo necesario y hacemos menos de lo que deberíamos.

TIP DIOSA DEL OLIMPO I

Muchas personas somos expertas en montarnos películas porque es una fantástica forma de evitar el dolor o afrontar la realidad. Recuerda que cuando te imaginas mil alternativas diferentes o escenarios distintos de una realidad aplastante, te estás engañando y estás tapando una situación que, de un momento a otro, saltará por los aires y te dará en todos los morros. Como cuando quieres sumergir una pelota hinchable en el mar, ¿tú también has probado a hacerlo? Entonces ya lo sabrás: por mucho que la sujetes debajo del agua, tarde o temprano, pasará lo inevitable.

Crecer y madurar supone ir tratando la realidad tal y como viene, sin buscarle tres pies al gato o inventar realidades paralelas. Cuanto más valoras que el tiempo es limitado, que la vida es una y que tu vida es tuya, mayor es el nivel de practicidad que otorgas a cada una de tus decisiones. ¿En resumidas cuentas? *A quien no te llama, no le interesas. Si no te contesta a los mensajes, no eres una prioridad. Si no queda contigo es porque no quiere verte. Si no muestra interés es porque no lo tiene. Si te deja es porque no quiere seguir contigo. Si no te habla es porque no le importas. Si te dice que eres la mujer de su vida, pero que no está preparado para una relación, no eres la mujer de su vida. Si te dice que quiere una relación contigo, pero tiene miedo al compromiso, no quiere una relación contigo. En definitiva, si no te trata como crees que mereces, no tiene justificación ninguna: sencillamente no le interesas.*

Y esto es totalmente lícito. No podemos gustarle a todo el mundo porque ni somos una deliciosa croqueta, ni el mismísimo jamón serrano. ¡Pero! Si ya es feo que te hagan daño, más feo es aún **permitirlo.** Deja de añadir sufrimiento innecesario a tu vida y póntelo fácil: sé la prioridad de quien te tenga como prioridad y deja de poner en primer lugar a personas para las que no eres ni siquiera una opción o lo eres cuando no tienen otra cosa mejor que hacer. **No eres el pasatiempo de nadie: eres una gran mujer con la que pasar y compartir el tiempo.**

TIP DIOSA DEL OLIMPO 2

Mantén a raya tus expectativas, son el pilar fundamental donde se sostiene el sufrimiento. Sé que sufres en muchos momentos porque no entiendes cómo algunas personas no son capaces de valorar lo que haces por ellas, sin embargo, es importante que tengas en cuenta que cada persona es un mundo y que, lo que para ti tiene valor, para otra persona quizá no lo tenga tanto.

Si esperas a que los demás hagan algo que tú harías por ellos, estás destinada a sufrir *«lo más grande»*. Y te entiendo. No sabes cuánto te entiendo. Pero la vida es así. No somos iguales y ahí reside su belleza: en la diversidad. Aunque a veces fastidie tropezar con personas que miran la vida de un modo diferente en lo más básico para ti. Por ello, procura quedarte cerca de las personas que se parezcan a ti en lo importante porque será una forma de no vivir en desilusión constante, y de conectar con la esencia más bonita de ti y de aquello que elijas en tu equipo de vida.

TIP DIOSA DEL OLIMPO 3

Ya lo decía *La Rosalía*: *«Tú x mi, yo x ti»* como la clave de una relación de cualquier índole. Quién nos iba a decir que encontraríamos en una canción de reguetón la base de todo, ¿eh? Para que algo funcione es necesario situar en el centro de todo una palabra y hacerla acción: **Reciprocidad.** Y *«yastaría»*.

TIP DIOSA DEL OLIMPO 4

¡Ay! *«Consejos vendo y pa mí no tengo…»*. ¿A que todo esto es más fácil cuando se lo decimos a una amiga? Pues bien, grábatelo a fuego:

HÁBLATE,

ACONSÉJATE,

COMPRÉNDETE,

AYÚDATE,

CUÍDATE

Y QUIÉRETE

DEL MISMO MODO,

PORQUE ESA AMIGA

ERES TÚ.

Parada 3

Cómo quererte bonito

Carta
a ti

Cómo quererte mejor y no morir en el intento

«Para querer a alguien, primero tienes que quererte a ti misma». Ay, qué bonito queda en una frase de Instagram y qué difícil es llevarlo a la práctica, ¿verdad? Tenemos muy interiorizada la teoría y muy poquito la práctica. *¡Oh, wait!* ¿De verdad tenemos interiorizada la teoría? ¿Sabes realmente cómo quererte mejor? ¿Te han contado en el colegio qué hacer para tener más amor propio? ¿Has tenido buenos ejemplos a tu alrededor de personas con una sana autoestima? *¡Meeeecccc!* Aunque suene un poco triste, no había ni tan siquiera un capítulo en ninguno de nuestros libros del colegio que se titulara: *«Cómo tener una sana autoestima»*. A pesar de que la educación esté cambiando, tú y yo no hemos tenido la gran suerte de recibir clases de educación emocional cuando éramos pequeñas y la tarea de querernos ha sido autodidacta. Es decir: nadie nos ha enseñado a querernos.

Sin embargo, algo tan vital como el amor propio tiene repercusión en todas las áreas de nuestra vida. Cuando de autoestima *vas bien*, el resto de situaciones se afrontan de una manera más llevadera. Cuando de autoestima *vas en reserva*, el resto de situaciones se hacen cuesta arriba y se ven muy negras.
Puesto que no heredamos el nivel de autoestima ni es algo rígido e inmutable, sino que es algo que depende

de nuestras experiencias y vamos aprendiendo a gestionar a lo largo de la vida, tengo una gran noticia: **¡se puede cambiar!** La autoestima es una capacidad que desarrollamos a medida que vamos creciendo, viviendo y creando diferentes experiencias personales y sociales.

Pero… ¿Por qué cuesta tanto tener una buena autoestima?

Principalmente por dos motivos: uno, porque nos han enseñado que **reconocer los aspectos positivos de uno mismo es síntoma de falta de humildad**; y dos, porque se asocia el concepto de **«quererse» como un síntoma de egoísmo**. Sin embargo, **cuanto más te quieres, más espacio creas para el amor** y para poder compartirlo.

Esta fase del viaje quizá sea un poquito incómoda ya que una de las situaciones que más miedo nos da es estar cara a cara con nosotras mismas por si encontramos oscuridad desconocida. Pero solo cuando estamos en contacto con esa parte más oculta y oscura es cuando encontramos el interruptor interno de todo nuestro brillo. De ahí procede nuestra luz más radiante: de la conciencia de nuestra propia sombra.
Y es que tenemos muy asociada la felicidad con la comodidad, cuando, en muchas ocasiones, la incomodidad que supone salir de nuestra zona de confort es la

que nos impulsa a conocer aspectos de nosotras mismas que desconocíamos y demostrarnos que teníamos más valor del que pensábamos.

Por ello, vivir en la incomodidad también supone aceptarse en todos los escenarios y darte aquello que necesitas. Y eso nos lleva, irremediablemente y casi sin darnos cuenta, al camino del amor propio. Porque cuando me quiero, me acepto y me valoro no rechazo nada de mí misma. Puedo querer mejorar aspectos y es lícito, pero no los rechazo. Porque cuanto más intentas tapar algo, con más fuerza sale; cuanta más energía inviertes en rebelarte contra algo inevitable, mayor cansancio emocional vas a sentir; cuanto más intentas tapar un defecto más lo sacas a relucir; cuanto más inviertes en esconder algo, más se nota.

Dicen que existen tantos tipos
de amor como de personas.
Sin embargo,
se les olvidó contarnos
el más importante de todos:

el amor propio.

Esta etapa puede durar toda la vida. Y está bien que así sea, pues, cada día, tenemos la oportunidad de conocernos más, de querernos mejor y de ser aquellas personas que deseamos ser.

Me quedo cerca de ti.
Cuando lo necesites, tan solo tienes que mirar a tu lado:

Ahí estaré yo,
con mi propia batalla en esto de ser

valiente,

libre

y capaz.

Juntas.

Y recuerda:
cuando hagas un recuento de todas las personas valiosas de tu vida,

NUNCA

te olvides de ti.

Gracias por inspirar con tu ejemplo a otras mujeres.
Nos vemos en cada guiño de la vida, amiga.

Déjame que te *cuente*

¡SIEMPRE ATRAIGO AL MISMO TIPO DE PERSONAS!

Cuando no sabes aquello que quieres, dejas entrar a cualquiera.

Cuando desconoces tus derechos emocionales, personales y vitales, otros hacen uso de ellos por ti.

Cuando te sientes pequeñita dejas pasar a personas que van de *«grandiosas»*, no a tu altura, consiguiendo el efecto contrario al que deseas: sentirte más pequeñita.

Cuando no te valoras, dejas entrar a cualquier persona que aparente hacerlo. O peor aún: te involucras en relaciones donde eres la *«tercera»* para sentirte elegida en el caso de que deje a su pareja.

Cuando no te quieres lo suficiente, dejas de mirar por ti para hacerlo por los demás, creyendo que estás haciendo algo a favor de ellos. Sin embargo, aquello que con esa intención estás dando, irónicamente, te lo estás quitando.

Cuando vives en guerra, no encuentras la paz en otra persona, si no más guerra. Y, misteriosamente, terminas involucrada en relaciones con personas que tienen su propia guerra personal.

Cuando te defiendes poniendo muros y barreras para evitar el dolor, no atraes a nadie. Sencillamente, los alejas.

Y suena el eco sordo de quien pide ayuda, pero se construyó un muro lo suficientemente grande como para que afuera solo suene el silencio de quien calla.

La mejor respuesta a un «*te quiero*»

jamás será un «*yo también*».

~~El amor no se dice:~~
el amor siempre, siempre se *hace.*

La otra lotería

A veces tus números premiados son personas y momentos. Aunque casi sin querer se nos olvide o tal vez no nos demos cuenta.

Aquellas personas que te tocan, pero también elijes para tu vida.

Porque te la mejoran. Porque suman ratitos de felicidad, espacio para ser uno mismo y momentos especiales que siempre recordarás con una sonrisa.

Porque están cada día cerca de ti. A un mensaje de distancia, en un abrazo sincero, entre dos cervezas o un café, a cientos de kilómetros, al otro lado de la puerta, cuando ni siquiera estás para ti misma, dos pasos por detrás para darte tu espacio, quizá enfrente y casi sin darte cuenta o, tal vez, a tu lado aunque no te lo digan todos los días. Donde y cuando sea, pero están. Cerca de ti.

Y sentir la fortuna de quien, entre un millón, ha ganado a las mejores personas con quienes celebrar los días.

Y que aquello que tenga que venir, lo haga con la misma ilusión que se siente cuando cierras los ojos e imaginas que sale tu número.

Y que ese número seas tú.
Y abrir los ojos.
Y que, por fin, me toques.
Y que aquellos que siempre están, lo sigan haciendo igual de bonito.
Y que yo siga siendo la que reparta mi propia suerte.

Porque la elijo cada día.
Porque elijo a quienes quiero cerca de mí.
Porque me elijo.
Porque me siento elegida.

Porque compartir tu vida con personas que te cuidan, te quieren y sacan lo mejor de ti es el mayor regalo, premio y fortuna.

Quienes están. Conmigo. En todos los sentidos.

Ese es mi mejor número este año.

Seré breve:

No podemos exportar aquello que no tenemos.

Fin.

Irremediablemente fuerte

No sé muy bien de qué va la vida y desconozco cuántas formas existen de vivirla.

Me equivoco más veces de las que me gustaría intentando encontrarle un sentido, pero me perdono siempre una de más para seguir haciendo las paces con ella y vivirla como se merece.

Tengo mis días buenos, mis días malos y mis días de mierda, pero siempre encuentro una mano amiga que me recuerda que todo, finalmente, pasa.

Al igual que tú improviso en esto de vivir, fallo con bastante frecuencia y, a veces, me quiero menos de lo que debería.

Hay días en que el espejo no me devuelve la mejor versión de mí, por instantes me convierto en mi peor enemiga y bastantes veces me pongo los listones a alturas de vértigo.

Otros días me enfado conmigo por repetir errores, perdono más rápido a los demás que a mí misma y pido permiso con más frecuencia de la que convendría.

En algunos momentos de mi vida dudé de mi valía y creí no estar a la altura más veces de las que debí pensarlo. En ocasiones he complicado lo sencillo, he perdido los nervios y me he olvidado de buscarle el lado positivo al dolor.

En fin.
Aquí estamos.
Imperfectas.
Humanas.
Vivas.

Yo también soy nueva en esto, pero si algo sé de la vida es que, aunque pueda parecer evidente, a veces se nos olvida que a vivir se aprende *viviendo*.

Y no hay más misterio.

Sal a la vida y la vida saldrá a tu encuentro.

La verdadera revolución

Si me concedieran un «superpoder», tan solo uno, sé muy bien cuál elegiría: hacer que cada mujer, al mirarse al espejo y enfrentarse a la vida, se quisiera, aceptara y abrazara, con todo, por el simple hecho de existir.

Cada día me enfrento a algo tan inexplicable como doloroso: mujeres increíbles que no creen en sí mismas.

Qué paradoja.

Mujeres maravillosas que no confían en ellas mismas.

Mujeres buenas que sufren por hombres que no saben amar bien.

Mujeres bellas incapaces de hacer las paces con el espejo.

Mujeres grandiosas que se sienten tremendamente pequeñas.

Mujeres empoderadas a las que les cuesta dar portazo a lo que les daña por el qué dirán.

Mujeres asertivas que no pierden las formas porque «calladitas están más guapas».

Mujeres fuertes incapaces de pronunciar un rotundo: «*ahí te quedas*».

Mujeres brillantes que se apagan para hacer brillar a otro.

Mujeres decididas que se pierden por el camino para que otros encuentren el suyo.

Mujeres valientes que viven a medias por miedo a equivocarse o a sufrir de nuevo.

Mujeres risueñas que han dejado de lado su felicidad para regalársela a otras personas.

Mujeres poderosas que silencian su voz y viven en un segundo plano porque un día destacaron y fueron señaladas.

Mujeres amorosas que celebran cada mínimo detalle que reciben como un gran signo de amor y no como algo de lo que son merecedoras evidentes.

Mujeres inteligentes que, aunque en ocasiones lo olviden, saben que no tienen que pedirle permiso a la vida para vivirla, lograr sus sueños o sentirse valiosas.

A ti que, como yo, te lees entre líneas:
Si me concedieran un «superpoder» eliminaría la falta de autoestima del mundo.

Y ahí empezaría la verdadera revolución.

La tuya.
La nuestra.
La propia.

A la misma altura

Menos mal que existen personas que no te miran desde las alturas, sino que llegan a tu vida para quedarse y ponerse a tu lado.

A la altura de tus ojos y de tu corazón.

A la altura de entender que «más» no significa «mejor», que «más alto» no significa «más grande», que «mayor» no incluye necesariamente «grandeza». Y es que la humildad no necesita superlativos porque nace de aquellos tropiezos que nos damos contra el suelo de la vida y de la realidad y no contra las piedras de los castillos construidos en el aire o sobre el humo que difumina la autenticidad.

Hazte un *pequeño gran* favor: baja de pedestales a quienes no te miren desde tu misma altura.

Y que no te engañen: para admirar no es necesario mirar hacia arriba, ni apagar tu brillo, ni esconder aquello que te hace especial.

Jamás dudes de ti, ni de la grandeza de aquello pequeñito que haces cada día en silencio, sin focos y de corazón.

Aléjate del ruido y sigue tu camino.

Manifiesto de amor propio

A veces tenemos demasiada paciencia con las personas equivocadas.

Y es que la mayoría de nuestros problemas serían menos importantes si, en lugar de regalar sin filtro ni merecimiento nuestra paciencia y comprensión a los demás, nos la diéramos a nosotras mismas.

Paciencia con tus ritmos, tus intentos y tus malos días; comprensión con tus miedos, inseguridades y errores.
Sé más generosa contigo.
Sé, incluso, como dicen ahí fuera, «egoísta».
Date aquello que necesitas y pásate de largo.
Aprende a contar y empieza a contar contigo.
Desaprende aquello que te haga daño y comienza de nuevo.
Di «no» tantas veces como te salga del… corazón.
Deja la culpa para otra vida y ocúpate de rectificar cuando te equivoques.
Comprométete con el presente pero, sobre todo, hazlo contigo y cumple con tu palabra.
Si eres valiente para comenzar, sé valiente para poner fin: a momentos, etapas y personas.
Márchate YA de aquellos lugares donde no puedas ser tú misma.
Cierra puertas sin arrepentimiento aunque te cueste ver aquello que asoma tras la ventana.

Deja de compararte con aquello que ves tras la pantalla y vive tu vida de puertas para adentro con los tuyos. No pongas ni en peligro ni en duda tu propia felicidad.

Y, por supuesto, quédate con quien te sume.
Pero, primero, súmate «tú, ti, te, contigo misma» y así solo dejarás fuera de tu vida aquello que te reste.

Ayúdate.
Abrázate.
Acéptate.
Diviértete.
Cuídate.
Llora.
Perdónate.
Toma decisiones.
Hazte el favor.
Póntelo fácil, amiga.
Sé
buena
contigo
misma.

No descuides algo tan importante como tu amor propio, ni lo recuerdes solo cuando alguien deje de quererte.

No *te dejes* para mañana si lo puedes hacer hoy:
afronta la vida, de una vez por todas, desde la primera fila.

Porque nadie será capaz de tumbar a una persona dispuesta a levantarse, con valentía, por su propio pie.

Eres isla, cofre y tesoro.

Desde que estás, me encuentro:
todas las «X» del mapa apuntan

...A MI MISMA.

En primera persona

Hace tiempo que dejé de mirar por el espejo retrovisor de la vida o por el rabillo de ojos ajenos.

Hace tiempo que dejé de esperar a que el tiempo pusiera cada cosa en su sitio o pedir al karma que hiciera bien su trabajo con algunas personas.

Hace tiempo que dejé de perder mi energía en tonterías y empezó a importarme solo lo importante.

Hace tiempo que dejé viejas costumbres, empecé a valorarme en lo bueno y en lo malo, continué poniéndole el corazón a todo lo que hago y entendí que el mundo funciona mejor con personas felices.

Así que decidí empezar por aquello que depende de mí.

Aprendí a fluir con lo sencillo, a quedarme en los lugares que me hacen crecer y a disfrutar de aquellos instantes que me regalan felicidad. Comprendí que existen pocas cosas más valiosas que el tiempo compartido con personas especiales que hacen que recuperes de pronto la esperanza, te sientas un poquito más viva y te des permiso para ser tú misma.

Sin filtro.
Sin más.
Porque sí.
Porque sientes que todo, tal y como está, está bien.

Y vivir.
Sin prisa.
Con el trocito de felicidad que con valentía y esfuerzo te has ganado. Sin montañas rusas. Con calma y sin necesidad de demostrárselo a nadie más que a ti misma.

Y es que nunca antes una aparente *«planitud»* elegida fue tan parecida a una *«plenitud»,* por fin, sentida.

Siempre contigo

Existen muchas formas de encontrar la felicidad, sin embargo, una de las más importantes reside en la distancia a la que colocas a las personas que están y estuvieron en tu vida.

A veces, encuentras a personas que en poco tiempo parece que las conocieras de toda la vida. Otras, por el contrario, a pesar de conocerlas desde hace años, te sorprenden y actúan como completos desconocidos.

También existen algunas personas con las que es necesario guardar una distancia de seguridad continua para estar a salvo del dolor que pueden ocasionar con tan solo su presencia. Incluso existen otras a las que, por un tiempo o para siempre, se hace urgente mantener lo más lejos posible para poder continuar con tu vida en paz.

Por el contrario (y por suerte), existen mis personas favoritas: aquellas con las que siempre encuentras la distancia perfecta, ya sea a kilómetros, a tres centímetros o en un abrazo.

Y, por último, está la más importante de todas. Aquella persona de la cual te distancias en infinitas ocasiones y a la que más necesitas cerca y de tu lado: a ti misma.

Y es que, en ocasiones, estar cerca de ti conlleva mantenerte lejos de algunas personas.

Encuentra la distancia perfecta con cada persona que está o estuvo en tu vida.

Sin olvidarte de ti.

Cerca y lejos.
Dentro y fuera.

A un lado y a tu lado.
Contigo.
Siempre contigo.
Sin mirar atrás.

El regalo más grande

Cuando te abres a alguien arriesgas con valentía y apuestas con tu confianza. Sabes que puede salir bien o que puede salir mal y, aún así, subes la apuesta con algo de ilusión, sinceridad y esperanza.

Qué bonito es que alguien sepa valorar y cuidar el regalo más grande que una persona puede hacerte en su vida: su vulnerabilidad.

Encontrar a alguien que, teniendo tus miedos entre sus manos, decida abrazarlos en lugar dejarlos tiritando de frío.

¿No te pasa a veces que
a medida que conoces
a más personas,
más valoras a aquellas
que están a tu lado
desde siempre?

(IM)PERFECTA

Mírate: ya eres perfecta. Nunca una cicatriz, la textura de una piel, un peso o una talla podrá determinar la belleza de una persona. Jamás.

Sin embargo, se nos olvida en muchas ocasiones y nos influye de una manera u otra. Por mucho que te digan que «No te tienen que afectar los comentarios de los demás» y bla, bla, bla.

Porque lo cierto es que te afectan. Mucho. Y encima te sientes culpable por el hecho de que te afecten. Y esto te afecta más aún. Y entonces entras en un bucle infinito que hace que pierdas lo más importante de todo: el afecto hacia ti misma.

Aparentamos tener una autoestima a prueba de críticas hasta que algo nos rompe y se cuelan las inseguridades por las grietas. Y así nos pasa: dejamos de querernos, dejamos de escucharnos, dejamos de darnos el valor que tenemos, perdiendo nuestra singularidad y aquello que nos hace maravillosas.

Es una mierda, sí. Pero no te sientas culpable por ello: es algo humano. A mí, por ejemplo, me ocurre. Y a mi amiga «A». Y a mi madre. Y a mi compañera «P». Y me atrevería a decir que nos ha pasado a todas en algún momento de nuestra vida. Pero, dime: ¿cómo no vamos a perder la capacidad de aceptarnos cuando «fulanita» dice esto, «menganito» piensa aquello y la sociedad dicta lo otro? A pesar de saber la teoría, en muchas ocasiones es difícil hacer oídos sordos y vivir como si nada nos afectara.

Supongo que veces somos nuestra peor enemiga y olvidamos que la persona que habitamos es aquella que nos acompañará a lo largo de nuestra existencia y que la piel que la envuelve es solo una capa más de las miles que recubren nuestro interior.

Si nos diéramos cuenta del poder tan increíble que tenemos de mejorarnos la vida, no malgastaríamos nuestro tiempo en vivir en guerra con aquello que no nos gusta.

Si entendiéramos por fin cuánto cambia la vida cuando empezamos a ver la belleza de cada persona, dejaríamos de mirar por el rabillo del ojo de la imperfección y empezaríamos a querernos tal y como somos.

Por el simple hecho de estar vivas.

Mujeres diciendo cosas bonitas a mujeres.

Ojalá ese fuera el estereotipo eterno.

A ti que me lees:

Eres preciosa.

ERES SUFICIENTE.

Ya.
Así.
Tal y como eres.
Humana.

VIVA.

Casi sin querer

Míranos: buscando algo que nos falta de aquí para allá, en lugares que sabemos que no está e incluso forzando aquello que no sale de manera natural. En definitiva, viviendo a medias sin atrevernos a ser nosotras mismas por «miedo», «por si acaso» o, incluso, por si sale bien.

Olvidando que, aunque estemos de paso en la vida, esta no está para vivirla de puntillas. Que la felicidad y todo lo que deja huella está tras ese ratito de más, tras un mensaje «porquesí», tras un «sí» que de primeras era un «no sé», tras ese paso que das sin estar convencida del todo, tras ese esfuerzo por hacer algo que de primeras no te apetecía mucho, tras una oportunidad que das sin la certeza del 100%, tras «una cerveza más y ya vemos», tras esos planes improvisados que aparecen sin pensar mucho.

Quién sabe.
Nunca tienes la certeza de saber qué habrá detrás de cada decisión hasta que la tomas.

Y es que tras las decisiones menos importantes, a veces, se esconden las lecciones más significativas; y aquellas que tomamos de la manera más tonta pueden ser las que determinen las experiencias más inolvidables.

Pero a veces se nos olvida que detrás del miedo, de la pereza o de la comodidad, se esconden las oportunidades más bonitas de dejarnos llevar y sorprender.

Sin embargo, llega un día en el que uno hace las paces con la vida y entiende que existen muchos motivos por los que estar agradecido más allá de estar vivo. Supongo que en ese momento, en el que confías en que todo está bien tal y como está ahora aunque no te guste del todo, es cuando sucede algo especial: la vida te devuelve aquello que un día te robó incluso con carácter retroactivo.

Y, entonces, ocurre.

Recuperas la esperanza por la vida, recuerdas cuánto merece la pena vivirla, conoces a personas maravillosas, vives experiencias nuevas y empiezas a tomar esas pequeñas decisiones que pueden cambiar el curso de tu felicidad.

Y de toda una vida.

Ella es una chica «*normal*» con una vida *normal*.

Y eso, precisamente, es aquello que la hace

extraordinaria.

Una persona normal

Soy una persona «normal». Quizá no sea decidida en las pequeñas cosas del día a día, pero procuro estar en los momentos importantes y cuando se me necesita.

Cuando me concentro pongo cara seria y frunzo el ceño sin darme cuenta… Por eso algunos pueden pensar que soy una persona seria o introvertida —solo los que me conocen saben que esto no es cierto—. Más de una vez, algún granito me recuerda historias de mi adolescencia que me hicieron ser la mujer que a veces me resisto a aceptar tal cual es.

Soy una persona «normal». Tengo poca paciencia con algunas cosas, pero infinita si se trata de las personas que quiero. A veces me cuesta tragarme el orgullo, me enfado por tonterías y al momento se me pasa.

Perdono rápido y se me olvidan los motivos de una discusión. Supongo que para sobrevivir uno necesita encontrar soluciones y no «quién empieza qué».

En el reparto de la alegría a mi me tocó la parte del optimismo. Quizá por esto no hago una oda superlativa a la alegría en todo momento, pero sé celebrar cada paso en el camino. Acepto la tristeza como parte de la vida porque los golpes me enseñaron que llorar cura por dentro.

Soy una persona «normal». Con los años he dejado de ser tan soñadora para pasar a la acción. Me ponen nerviosa las personas que lanzan al aire sus buenas intenciones para luego no hacer nada. Me impaciento con la pérdida de tiempo y no me gusta rayarme por tonterías.

He aprendido a pedir perdón y a darle mucho valor porque hace años era incapaz de hacerlo. Soy muy sensible a los gestos desagradables, a la falta de amor y al pesimismo. Prefiero la esperanza como mirada a la vida, a las personas y a mí misma.

Aunque pasé los 18 hace más años de los que quisiera —y el DNI dice que soy «mayor»—, en cantidad de ocasiones siento más felicidad hablando con los niños que con los adultos.
Quizá porque ellos sacan lo mejor de mí.

Ah, y tú.

Nadie ha conseguido lo que tú conmigo.

Cuenta conmigo

Cuenta conmigo.
Cuando creas que no puedes más. Antes de tirar la toalla. Cuando todo se vuelva negro de golpe. O cuando la escala de grises tiña casi sin darte cuenta tus días.

Cuenta conmigo.

Cuando no cuentes con nadie más. O cuando, por muy rodeada que estés de personas, sientas vacío, soledad o tristeza.

Cuenta conmigo.

Cuando las manos que un día te dijeron que jamás te dejarían caer no estén cerca para sostenerte. En esos momentos en los que mantener el equilibrio sea imposible y tu corazón sienta el vértigo de algunas ausencias.

Cuenta conmigo.

Cuando hayas perdido la cuenta de todas las lágrimas derramadas, de las desilusiones acumuladas o de las pérdidas que dejan un silencio insoportable.

Cuenta conmigo.

Cuando tengas miedo y el peso de la incertidumbre no puedas sujetarlo tú sola. En aquellos instantes de duda, de no saber hacia dónde dirigir tus pasos o de qué forma poner fin a aquello que te hace daño.

Cuenta conmigo.

Cuando no sepas cómo poner un punto final a quienes te escriben puntos suspensivos, cuando te quieran a medias o cuando no encuentres la manera de cerrar puertas entreabiertas.

Cuenta conmigo.

Cuando dudes de ti misma, cuando pienses que no eres suficiente, cuando creas que no eres capaz, cuando sientas que no eres valiente.

Cuenta conmigo cuando no tengas fuerzas para seguir ni continuar.

Cuando, donde y para lo que sea, cuenta conmigo: siempre estaré a tu lado.

TENEMOS QUE *hablar...*

¡Holi!

Qué me gusta estar a tu ladito en esa fase, amiga. Y es que, llegadas a este punto del camino, es probable que:

- Estés hasta las narices de encontrarte con el mismo tipo de personas todo el rato y pases de todo el mundo, o lo que es lo mismo, no tienes el *chichi pa' farolillos* y vas a tu santa bola. *(Aquí, misteriosamente, aparecen muchas personas interesadas en ti… Mierda, al final la psicología inversa va a ser cierta).*

- Te hayan hecho mucho daño y, agárrate que vienen curvas, que voy sin freno y sin filtro. Y un poco *subidita*, todo sea dicho. Y *«jo, no entiendo por qué no aparece nadie en mi vida»*. Llama si quieres a Cuarto Milenio para resolver el misterio, pero ya te lo digo yo y no Iker Jimenez: estás siendo una borde, tía. Pa' protegerte, sí. Pero, al fin y al cabo, una borde. Si a ti no te gustan las personas bordes, no lo seas tú. Nadie tiene que pagar las deudas de tu pasado ni tus batallas internas. Pero eh, ven aquí, anda… **Abrazo**

- Pongas mil excusas porque te da miedo que te vuelvan a hacer daño y piensas que todos son iguales o, en otras palabras, que estés más cerrada que la cáscara de un pistacho y te conviertas en una *hater* porque así es más fácil (sobre) vivir. Te lo diré una última vez: todos los hombres **NO** son iguales. Y aquí lo que *me inquieta, me atormenta y me perturba*, es que TÚ sigas eligiendo el mismo perfil de personas con las que vincularte, *querida sagitario.* **¡Cuidado con las complementariedades!** Uno no huye si no tiene a alguien que le persiga; uno no se acomoda si no tiene a alguien 24 horas disponible para cuidarle; uno no valora tanto lo que tiene si lo siente asegurado, a mano e incondicional; uno no adopta el rol de *víctima* o de *indefensión* si no tiene a alguien que le salve constantemente; uno no es el centro de atención de la relación si no existe alguien que le preste el 100% de su atención. ¿Me explico, amiga? En este punto, me da exactamente igual cómo sea el otro, sino **cómo elijas tú**. Vigila tus *patrones amorosos* y entenderás el **denominador común** de los hombres que han pasado por tu vida. Una cosa es buscar a alguien que te complemente, que te mejore o que incluso mitigue algún defecto tuyo, y otra bien diferente es adoptar roles complementarios que fomenten el sufrimiento de manera sigilosa y casi sin darte cuenta, dando lugar a un patrón que se repite una y otra vez.

Sufras el *«Complejo de mueble de Ikea»*, o lo que es lo mismo: **SIEMPRE FALTA UN MALDITO**

TORNILLO. Igual con las personas. Siempre falla algo que, misteriosamente, no te encaja. Y vuelta a empezar para llegar al mismo final: quieres ese mueble, pero jamás vas a estar conforme con el resultado… muy probablemente porque con quien realmente no estés conforme, en el fondo, sea **contigo misma.**

Te vengas arriba y confundas lo que viene siendo la **independencia y autoestima** con **ir de autosuficiente e inalcanzable** porque *«yo es que valgo mucho». «Y qué pereza conocer a alguien, yo necesito algo más, alguien con rock & roll, a quien le vaya la marcha, que tenga carisma, que tenga estudios, y un master (no, mejor dos), y un coche y que le guste viajar, que sepa cocinar, sea amigo de sus amigos, tenga detalles pero no sea tan blandito, sea fuerte pero cariñoso, a quien le guste salir a bailar pero que me deje hacerlo sola, que sea educado, buena gente, generoso, detallista, alto, guapo, vista bien, tenga sentido del humor, que haga deporte, que no ronque, que…»*

¡Jeeeesús! ¡Si parece que estás haciendo la carta a los mismísimos Reyes Magos! Tengo una mala noticia y, tristemente, el mayor *spoiler* de tu vida:

No
existe
LA PERSONA
perfecta

De nada, ¿eh? Si tienes esto en cuenta vas a ahorrarte muchos disgustos y búsquedas innecesarias. Pero claro. A ti te va la marcha. ¡Venga, alegría! Saca la *checklist* cuando conozcas a alguien y ve punto por punto de todo aquello que tendría que tener LA persona elegida para ti.

¿Y bien? ¿La encontraste? ¿No? Vaya… *BAIA, BAIA*. Voy a abusar de confianza y con todo el cariño del mundo te diré algo que… escuece, pero cura. Como todo lo que pica. Porque, si bien no existe la persona perfecta… ¡Adivina!:

Tú
tampoco
ERES
perfecta

Y esto no tiene nada que ver con tu valía, amiga. Ya eres perfecta por ser como eres, con la presencia de tus imperfecciones, no por la ausencia de ellas. Dado que, como todo ser humano, tienes tus días y tus «cosillas», deseo de corazón que lo tengas en cuenta cuando conozcas a una persona y te asalte el *«Síndrome de mueble de Ikea»* o el *«tiquismiquismo ilustrado»*.

Uno de los mayores errores es intentar encontrar a la persona correcta o que se adapte al 100% a todo aquello que deseas. Y te entiendo: después de una ruptura o de haber pasado por ciertas experiencias, es normal ser más selectiva, pensarte dos veces las cosas o darte la licencia de buscar ciertos aspectos innegociables. ¡Bravo por ti, de hecho! Ahora bien: ¿qué pretendes intentando que otra persona se ajuste con todo lujo de detalles a una serie de requisitos? Probablemente sea la segunda vez que nos leamos así que ya tenemos confianza; por tanto, déjame decírtelo sin filtros:

ESTÁS – CAGADA – DE – MIEDO.

¡En cursiva queda más *cuqui*! Sin embargo, no quita el hecho de que la mayoría de veces que esperas del otro ciertas características o habilidades que poco tienen que ver con el amor es por la sencilla razón de que tienes miedo a sufrir o a que te hagan daño. PERO…

Si bien el daño a veces es inevitable, en muchas ocasiones también se ve venir de lejos.
Antes, vale. Ahora, ya no me valen las excusas. Ya tienes experiencia, has aprendido un poquito y, al menos, ves con más claridad. Es cierto que eso no te exime de volver a equivocarte o de que tu radar interno te falle de vez en cuando, pero si has elaborado bien tu proceso de duelo anterior, ocurre algo maravilloso pasado un tiempo: te invade una sensación de claridad, en ocasiones, asombrosa. Y la consecuencia de ello es preciosa: sientes la libertad de quien se da permiso para vivir aquello que quiere y rechazar aquello que no.

Que sí, que sí. Que vales mucho, incluso más de lo que ahora eres capaz de imaginar. Sin embargo, a veces mezclamos conceptos y nos liamos por la sencilla razón de que no tenemos mucha idea de cómo era eso de quererse y valorarse. Así que, como cualquier *dummie* que empieza en algo, lo hacemos mal o hacemos lo más sencillo de todo: **IRNOS AL OTRO EXTREMO.** Pasar de quererte poquito a hacerlo mucho (en apariencia) a veces puede suponer un problema porque, lejos de sentirnos a gusto con nosotras mismas, puede haber situaciones ocurrir situaciones que no llegamos a comprender.

«Pero si ahora me quiero, ¿cómo es que me pasa lo mismo de siempre?». **Pues porque eres la misma de siempre,**

Maricarmen. Y es que aparentar autoestima es algo que la mayoría de las personas hacen en su día a día con un resultado negativo en la cuenta de resultados. ¿Por qué? Pues porque ya lo decía el refrán: *«Dime de qué presumes y te diré de qué careces»*.

Siempre he pensando que existen dos tipos de autoestima: **la sana y la falsa**. Mientras que la primera es un trabajo diario que dura toda la vida, la segunda es una rutina agotadora cuyo objetivo es única y exclusivamente tapar las inseguridades de quien la exhibe. A estas personas las llamo **«magos o magas»** pues, mientras te están poniendo el foco en todo aquello maravilloso que son y tienen, están ocultando las carencias y el truco por el lado por el que no miras. Y, cómo no, al igual que ocurre en un espectáculo de magia, te quedas embobada: *«Qué pasada de persona… Qué seguridad en sí misma… Qué carisma…»* Y qué horror. Digo, error. Me detengo aquí para recordarte que, al igual que ocurre con las heridas, todo aquello que está hinchado o inflamado es señal de que no está sano. Y quien dice heridas, dice el ego de algunas personas. En otras palabras: del mismo modo que no se puede tener *demasiada* salud (¡cuanta más, mejor!), tampoco se puede tener *demasiada* autoestima sana. De esta, cuanta más, mejor. De la «falsa», cuanta más haya, menos autoestima existe.

La paja en el ojito ajeno, la viga en el ojazo propio

> *«Tía, qué difícil está la cosa. Con la que está cayendo es imposible encontrar a una persona que sea ni medio normal. Todos al final terminan haciendo lo mismo, van a lo mismo y son iguales. La mayoría son unos inmaduros y egoístas, no saben lo que quieren, pasan cuando ya no les interesa, a poco que te descuidas se van con otra, no son nada detallistas… Con este percal al final seré la loca de los gatos. En fin, que qué difícil encontrar una persona con la que tener una relación bonita».*

Es probable que hayas ~~dicho~~ oído decir esto a la *amiga de tu amiga.*

Pero… Respóndeme a algo, querida: **¿Saldrías contigo misma?** Quiero decir: ¿tendrías una relación con una persona que fuera parecida a ti? Y no me refiero a *«¡Qué aburrido! ¡Mejor ser diferentes, que ser iguales es un rollo!»*, no. Me refiero a si eres todo eso que buscas en una persona. Porque pedir, pedir y pedir, se nos da de lujo. Sin embargo, ofrecer, ofrecer y ofrecer, en ocasiones, no se nos da tan bien. Hacemos largas listas para pedir que la persona que aparezca sea interesante, con valores, que se cuide, segura de sí misma, guapa por dentro y por fuera, con inquietudes, una persona de palabra y fiel, simpática, decidida, detallista... En fin, ya sabes de qué hablo.

Ahora bien: **¿Y tú?** ¿Eres una persona interesante? ¿Cuáles son tus valores? ¿Te cuidas por dentro y por fuera? ¿Eres segura de ti misma? ¿Tienes inquietudes? ¿Eres fiel y una persona de palabra que cumple con aquello que promete a los demás y a ti misma? ¿Eres simpática? ¿Eres decidida? ¿Tienes detalles con los demás y contigo? **una bolita de paja del lejano Oeste acaba de pasar**

¡Yuhuuuu! Ha llegado el momento de poner el foco en ti, independientemente de lo que ocurra a tu alrededor. Me tomo ciertas confianzas contigo y te dejo por aquí alguna **colleja emocional** con todo mi cariño.

Zasca 1
«¡Cómo está el mercado, amiga! Así es imposible»

Psss... Te viá desí una cosita: **Si Hacienda somos todos, el mercado también somos todos.** Tú también formas parte. Todos estamos, de alguna manera, en la mierda. Así que deja de mirar con condescendencia al «*mercado*» desde lo alto de tu torre de marfil. Es cierto que no son tiempos para el amor del que arregla lo roto, pero tampoco es plan de sentarse a ver la vida pasar con la desidia de quien desliza el dedo en Tinder descartando todas las opciones.

Quizá aquí pegaría más una frase de Paulo Coelho, pero ya sabes que yo soy más de la *Escuela de la Calle* y doctorada en *Hostiología*. Decía Bad Bunny que *«estar soltera está de moda, por eso ella no se enamora»,* sin embargo, me da que tiene más que ver con que los valores están cambiando y están en peligro de extinción las personas dispuestas a jugársela sin tonterías varias, con los pies en el suelo y las heriditas de guerra cerradas. Ten esto en cuenta y sé selectiva, pero deja de poner delante de ti toda tu experiencia como escudo protector y llévala a tu lado: **que te susurre al oído de dónde vienes, no que te impida dar pasos hacia adelante o defenderte de todo aquel que se pone enfrente.** Nadie merece pagar la falta de ilusión, de esperanza o de *matches*. **Existen personas que, al igual que tú, son bonitas.**

Zasca 2.
«Me da tanto miedo que me sean infiel...»

A ver. Dicen que para saber si algo te gusta es necesario probarlo. Sin embargo, tengo la pequeña intuición de que, **si bien una patada en la boca no es del agrado de nadie, una traición, tampoco.** Es decir: a nadie le gusta *atascarse* por el quicio de la puerta. Es una auténtica putada. Sobre todo, cuando te enteras. Pero, ya que tenemos el foco en aquello que depende de una misma, déjame decirte que **la fidelidad tiene dos formas: la propia y la ajena.** No obstante, solo nos centramos en la que está fuera de nuestro control, perdieno el tiempo en miedos innecesarios y dejando a un lado lo verdaderamente importante: **¿Tú eres fiel… contigo misma?** *«Sí, si, yo soy súper fiel, con los demás y conmigo misma».* OK. STOP. **¿Cuántas veces te has mantenido (o te mantienes) en lugares donde no te quieren ni te valoran?** Porque eso es otro signo más de que, a veces, no eres tan fiel a ti misma como crees. No gastes tanto tiempo en algo que a buen seguro tú no puedes evitar como es una infidelidad ajena: **invierte tu energía en serte fiel a ti misma y serás el mejor lugar donde ser, estar y crecer.** Y, si la otra persona no lo ve o decide hacer *loqueledelagana*, tú, mientras tanto, te tendrás a ti. Estarás un tiempo recolocando los trocitos, sí. Pero, a fin de cuentas, después estarás entera y fiel a ti: contigo.

Zasca 3.
«Desde que te echaste novio, cualquiera te ve el pelo, Maricarmen»

Es taaaan bonito el hecho de encontrar a una persona con la que conectas, todo parece funcionar y tenéis tantas cosas en común que, obviamente, ¡cómo vas a perder el tiempo! «*¡Disfrutemos, cari! ¡Vamos a ser siameses durante las veinticuatro horas del día! Qué digo veinticuatro, ¡cincuenta! Porque nosotros nos inventamos horas del día, tenemos un lenguaje que solo nosotros desciframos y nos comunicamos incluso sin palabras porque somos especiales y vivimos en una burbuja indestructible*» y…. Claro que sí, guapi. Con lo que te ha costado, como *pa* dejarle escapar, ¿verdad? Te lo diré sin rodeos: haz un **master en gestión del tiempo** si hace falta, pero aprende a reorganizar tu tiempo y **jamás dejes de lado tu mundo y a tu gente.** Anda, no seas de aquellas personas a las que por arte de magia se las traga la tierra, olvidando que tenían amigas, *hobbies* o, simplemente, una vida más allá de *menganito*. Está muy bien vivir en una nube un rato, pero *to lo que sube, baja.* Y, querida, en mayor o menor medida te volverá a tocar eso de llorar en el hombro de alguna de tus amigas porque en una relación no todo es perfecto. Así que, valora a quienes siempre han estado a tu lado y cuida tus prioridades porque **el amor y la amistad son dos áreas diferentes de tu vida: riega cada parcelita para que salgan flores diferentes en cada una de ellas** ☺️

Micro Warning. Haz una lista de todas esas cosas que harías contigo misma o con tus amigos y amigas, pero con pareja dejas de hacerlas. ¿La tienes? Vale. No la rompas. Ponla a la vista cuando estés saliendo con alguien y no vuelvas a dejar de hacer las cosas que te gustan por nadie. **Aprende, tía.**

Zasca 4. «Yo es que soy mu sentía y lo doy todo»

De los mayores errores que cometemos en detrimento de nuestra autoestima es conocer a una persona y darlo todo de golpe como si fuéramos una ONG, sin ni tan siquiera recibir nada a cambio. O lo que es lo mismo: ilusionarse y montarse rápidamente una película y, ale, ahí va una: **como un toro de miura, a lo loco, como el primer día de rebajas, a lo salvaje, con *tol'annnnsia viva*, como si tu vida sentimental fuera un *Black Friday* constante**. Y claro, te pasa lo que te pasa: que probablemente se vaya todo al traste con la misma rapidez con la que has montado el guion de la película. Ojo con ofrecer el 100% de ti a personas que no conoces ni un 10%: **no te vacíes por alguien que no te llena del todo.** (Bueno, ni por nadie).

Zasca 5. «Tengo miedo a que me hagan daño otra vez...»

Dejar que hable el miedo tiene una sencilla traducción en tus actos: **vivir a la defensiva.** Recuerda que **para un martillo todo son clavos** y, si estás con el hacha de guerra preparada, es lógico que todo a tu alrededor sea guerra. En otras palabras: si te relacionas desde el miedo a que te vuelva a pasar lo mismo, es muy probable que te ocurra algo similar porque estás enfocada en ello. Y esto no tiene nada que ver con la famosa ~~ley de la atracción~~. Esto, básicamente, responde a una premisa muy sencilla: ahí donde ponemos nuestra atención se dirige nuestra energía. Y en aquello hacia donde destinamos nuestra energía es donde se traducen nuestras conductas y resultados. No hay que ser Aramís Fuster para saber qué ocurre si invierto mi energía en **evitar aquello de lo que huyo en lugar de hacerlo en po-**

tenciar aquello que me gustaría conseguir. Piensa en *positifo, nunca negatifo, Hulio.*

Zasca 6. «Siempre me fijo en chicos con pareja»

¡Oh, yeah! Te va la marcha, amigui, ¿eh? A veces nos fijamos en una persona que, lamentablemente, tiene pareja. Y, oye, pues no pasa nada. Mala suerte. Sin embargo, existe un pequeño patrón en algunas personas que SIEMPRE están en la posición de ser «la otra», «la amante» y sucedáneos. Y tengo la intuición de que eso dice mucho acerca de **la necesidad de sentirse elegida** de quien ocupa ese tercer lugar. Y es que, en ocasiones, buscamos **la aprobación** en lugares muy extraños, querida…

Por todos es conocido que cuando tenemos una necesidad, tratamos de saciarla de formas verdaderamente creativas. Una de ellas puede ser esta: pensar que, aunque a escondidas, te eligen o sentir que dejará su actual relación para caer rendido a tus brazos. A corto plazo, se cubre la necesidad; a largo, incrementa la inseguridad y disminuye tu autoestima: bien porque eres una opción y no la prioridad (lo cual es *muuu* feo *pa* ti), bien porque has pasado a ser *«la elegida»*, pero puede pasarte lo mismo que ocurrió con su ex (y encima estás con *el miedo en el cuerpo*).

Vigila este tipo de patrones, escúchate y recuerda que **una misma necesidad tiene muchas formas diferentes de ser cubierta**. Sé creativa. Piensa en ti. Redirige tu mirada hacia personas que, como tú, sean emocionalmente *(y legalmente xD)* accesibles o disponibles. **Ya eres suficiente. Ya eres visible. Ya eres valiosa. Mereces estar en primera fila desde el principio.** Mereces elegir y ser elegida por quien eres. Ahora.

Zasca 7. «Siempre igual: todos los chicos me dejan»

Y encima vas, coges tu particular látigo y rematas la faena y la frase con un *«eso es porque hay algo mal en mí, fijo»*. La buena noticia que tengo para ti es que esa *tontería* tan grande que te dices no es cierta: **que «todos» te dejen no habla de tu valía, sino del nivel de aguante absurdo y sin sentido que parece que tienes.**

No te culpo por ello. Crecemos con mensajes alentadores cuando «aguantamos» situaciones dolorosas: «*¡Qué valiente eres! ¡Qué fuerza de voluntad! ¡Admiro tu aguante!*» Pero lo cierto es que si esto lo llevamos a nuestras relaciones con otras personas es un error grave para nuestra autoestima y nuestro bienestar personal.

Si tu tendencia es aguantarlo *«todo»*, entenderlo *«todo»* y justificarlo *«todo»,* sin poner fin a situaciones que sobrepasan aquello que mereces o quieres en una relación, finalmente (y como es lógico), va a hacerlo la otra parte. En otras palabras: **si tú no haces uso de tus derechos dentro de una relación, otros van a ejercerlos por ti.**

Cuando esto ocurre, además, es frecuente pensar: *«si en realidad no estaba bien con él, ¿por qué no lo terminé yo antes? ¡Encima es él quien se va y me quedo yo aquí jodida!»*

Deja de delegar en otro aquello que te corresponde hacer a ti, por ti. Aunque duela. Recuerda que cuando tú *deberías* poner fin a algo y no lo haces, tienes un cartel en todo lo alto diciendo: *AQUÍ-TODO-VALE.* Pero lo cierto es que no todo vale, amiga. En ocasiones, **para que ocurran nuevos inicios, se necesitan algunos finales.**

Zasca 8.
«¡Siempre me pasa lo mismo! Qué mala suerte tengo...»

Ay… ¿Cuántas veces has repetido esta frase?

Probablemente sean de las palabras más pronunciadas y, sin embargo, seguimos sin caer en la cuenta de que si siempre te pasa lo mismo es por una sencilla razón: **porque siempre haces lo mismo**, Antonia. Pero a veces nuestro *pequeño* ombligo no nos deja ver más allá de nosotros mismos y creemos que existe alguien esparciendo mala suerte en nuestro karma como quien echa de comer a los patos en el parque. *Piiiitaspitaspitas…*

Pero no. No existe nadie más que tú misma para hacerte cargo, responsable y consciente de aquello que haces y aquello que dejas de hacer. Hay que tener mucha valentía y honestidad para reconocerlo y estoy convencida que tú, de eso, vas sobrada. La mayoría de las veces damos por hecho aspectos de nuestra forma de ser porque siempre han sido así, y es que se nos olvida lo más importante:

Que algo haya sido siempre así no significa que tenga que seguir siéndolo. Siempre estás a tiempo de cambiar aquello que no te gusta o te hace daño.

El cerebro es lo suficientemente plástico como para cambiar y adaptarse a nuevos hábitos. Sin embargo, es más cómodo (y humano) refugiarse tras el *«es que yo soy así»* o *«a mi edad ya es imposible cambiar»*. No voy a negarte que cuesta. Cuesta mucho. Y no tiene que ver contigo o tu fortaleza, sino con la de tu cerebro.

¿Recuerdas los glóbulos rojos que corrían por el cuerpo en la serie *Érase una vez el cuerpo humano?* De una forma parecida me imagino a nuestras neuronas corriendo en nuestro cerebro por los *surcos neuronales*, o lo que es lo mismo, las *autopistas de las neuronas*: por donde ellas corretean con la información de nuestro interior. Cada vez que queremos instaurar un hábito, el *jefe del cerebro* tiene que crear una nueva *autopista* para que la nueva información circule por ahí y se genere el cambio deseado. ¿Te imaginas cuánto cuesta derribar una antigua carretera para construir una autopista nueva? Algo parecido ocurre en nuestro cerebro: supone un gran esfuerzo hacer las cosas de manera diferente. Llevamos tantos años haciendo las cosas de la misma forma, que **en ocasiones es necesario desaprender para aprender a hacerlas de forma distinta.** ¿Se puede? Se puede. Pero a base de repetición y trabajo constante. *Aprehender*, lo llaman.

Así que, querida amiga, esto es tarea compleja, pero tan necesaria que puede cambiar el rumbo de tu vida *(amorosa)*. Te invito, pues, a pararte, escucharte y observarte: ¿en qué personas sueles fijarte a la hora de relacionarte? ¿Con qué actitud te vinculas? ¿Qué roles sueles adoptar? ¿Eres la que siempre se adapta? ¿La que se ajusta al otro de primeras? ¿La que aguanta y aguanta? ¿Aquella que busca que la elijan? ¿La que se fija en personas inaccesibles? ¿Quien lo da todo de primeras para que la valoren? ¿Aquella que pone el ojo en *«chicos malotes»?* ¿Eres aquella que se preocupa por las necesidades de los demás y se deja a sí misma para el final?

Cuando conoces tus patrones tienes una hoja de ruta para anticiparte a ellos... ¡e incluso hacer algo diferente!

Holi, soy tu patrón.
Vamos de nuevo a rompernos la cabeza
contra el mismo muro de siempre.
¡Besis!

Zasca 9. «Todo me pasa a mí...»

Dicen que *nadie puede hacerte daño sin tu permiso* y, si bien en algunas ocasiones es tremendamente complicado, en muchas más de las que imaginamos, tenemos en nuestra mano la llave del consentimiento y no hacemos uso de ella.

¡Claro que existen personas que pueden dañarnos! Pero la reflexión aquí no es para quien hace el daño, **sino para quien lo permite**:

Todos hacemos algo o dejamos de hacerlo por un beneficio propio consciente o inconsciente.
(Aunque, en ocasiones, sea duro o difícil reconocerlo).

Desde *conseguir seguridad,* hasta *obtener aprobación,* pasando por *sentirse aceptada, integrada o valorada. Sentir que eres importante para alguien, evitar conflictos, que eres buena en algo o con alguien, que vales en tu trabajo, evitar equivocarte, para divertirte, para sentirte realizada…* A veces no nos damos cuenta, pero constantemente estamos renegociando nuestros actos de manera consciente o inconsciente con nosotras mismas. Y esto es humano. Y sano. Lo que deja de serlo es cuando nos empeñamos en poner fuera de nosotras aquello que nos corresponde y pertenece.

Así que, lamentablemente, he de decirte que, si tienes la sensación de que *«todo me pasa a mí»,* quizá sea buen momento para revisar aquello que estás permitiendo y no permitiendo; aquello que estás haciendo o dejando de hacer; o aquello que estás diciendo o dejando de decir, ya que todos los pasos dejan huella en nuestra vida: incluso aquellos que nunca damos.

**Por acción o por omisión,
todo tiene repercusión.**

Zasca 10. «¡Mira, mira! ¡Soy valiosa!»

¿Que a veces disimulamos nuestras *cosillas* y ponemos en alza lo bueno a la hora de conocer a alguien? Evidentemente.

Y, oye, es humano. A nadie le amarga un dulce y el *marketing* existe para algo. ¡PERO! Si el *attrezzo*, el *decorado* o la *exaltación* de lo bueno se nos empieza a ir de las manos para conseguir la aprobación de la persona que tenemos en frente, dejamos al descubierto (una vez más) a esa *niña herida* que, en forma de llamadas de atención (a veces sutiles, a veces superevidentes), busca sentirse valorada por la mirada ajena.

Mostrar tu mejor versión no significa tener que demostrar cuánto vales. Recuerda que *mostrar* y *demostrar* son dos palabras que comparten siete letras, pero las separan infinitos significados diferentes.

Pon todos tus superpoderes al servicio de ti misma y de tu felicidad.

Es paradójico que cuando intentamos adaptarnos a alguien solo para que nos valore, curiosamente no lo haga por una sencilla razón: porque **no se puede valorar algo que no se pone en valor.** Y una persona se pone en valor cuando muestra su máxima esencia, su particularidad, aquello que la hace especial y diferente, no semejante al otro.

¿Cómo van a valorarte
si no te estás dando a conocer de verdad?

Lo **auténtico** busca lo **auténtico**.

Solo así es posible la **conexión**.

Así que, querida, lamento el *spoiler* pero no vas a gustarle a todo el mundo. Ya que estás, **sé tú misma y vive.** Solo así podrás rodearte de personas afines y saber si realmente *os gustáis* o no.

Parece mentira que si pudiéramos
elegir un superpoder
fuera el de «ser invisibles»,
cuando, en el fondo,
lo que más nos jode
es serlo para los demás.

Extrazasca

«Tía, lo tengo claro: ahora que estoy soltera voy a dedicar mi tiempo en conocerme a mí misma, disfrutar, aprender a estar sola, cuidarme, recuperar mi… ¡OH, MIRA! El chico que me gusta»

Ea, *a tomar por culo* el plan 🙊🤦

Todas hemos tenido una amiga a la que le ha pasado esto.

Y si no la tienes, querida mía, **esa amiga ERES TÚ.**

¿Entiendes por qué te pasa siempre lo mismo?

¿Qué tienes aún que aprender de todo esto?

Normalmente la respuesta es una: **a valorarme y a quererme mejor.**
¡Wiiiiii! ¿Nos ponemos manos a la obra?

Dicen que…

Si no aprendes

una lección

LA VIDA

te la repite

(Una y otra vez)

CONSEJOS DE

amiga

PARA

quererte

BONITO

Antes de nada, recordarte de nuevo algo importante ya que, casi con total seguridad, fallarás en algunos intentos. Pero, ¿sabes que?

NO

PASA

NADA

SI TE

~~*EQUIVOCAS*~~.

¿TE GUSTA TU VIDA?

A todo esto… Disculpa que comience así, sin anestesia y sin permiso, con una de las preguntas más evidentes, pero más complicadas de responder.

Venimos a la vida con el marcador en contra: no hemos nacido para ser felices, sino para sobrevivir en el sentido más literal de la palabra. Este hecho, paradójicamente, nos complica la existencia ya que nuestros impulsos biológicos nos llevan a sobrevivir y con ello, a protegernos del dolor; mientras que nuestro impulso emocional más profundo está orientado a encontrar la felicidad. Para sobrevivir como especie, hemos necesitado aspectos más incómodos como el miedo. De ahí que para todo aquello que nos ofrezca placer, a veces, necesitemos un esfuerzo extra, porque, de alguna forma, vamos en contra de nuestra biología: cuando una está feliz, baja la guardia y, con ello, el instinto de supervivencia también.

Teniendo esto en cuenta, es importante procurar darle la vuelta al marcador con el menor coste emocional posible. De modo que…

¿Estás satisfecha con tu vida?

¿Cuánto de feliz eres respecto a algunas de las áreas que la conforman?
¡Vuelta a la infancia! Saca los Alpinos y colorea cada área. Si 0 es nada y 10 a tope de power, ¿cómo rellenarías cada área?

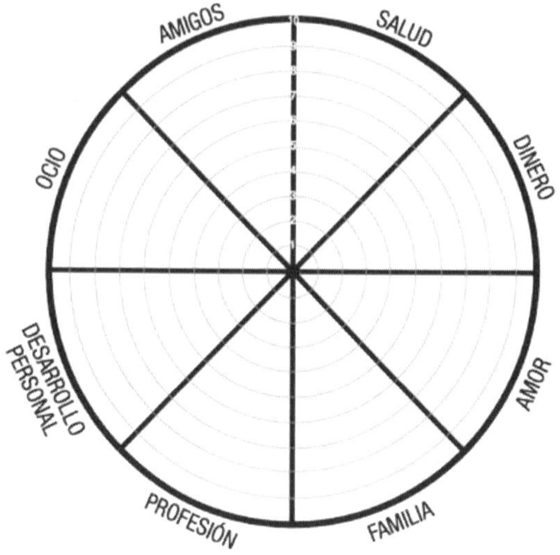

¿Qué tal? ¿Te ha quedado bonita? Y lo más importante… Si eso fuera una rueda, ¿rodaría?

Ups. Por norma general, rodaría a ratitos, a trompicones y con alguna dificultad porque no sentimos el miso nivel de satisfacción en todas las áreas de nuestra vida. Pero que no cunda el pánico. Vamos a ponerle solución:

¿Qué área quieres mejorar?

¿Qué podrías cambiar, mejorar, hacer o dejar de hacer para subir un puntito más de satisfacción?

Ea, manos a la obra, bonita 💪

Si quieres algo diferente, haz algo diferente

Ya lo sé, ya lo sé. Yo también le he dado al snooze del despertador y he pospuesto la alarma en cantidad de ocasiones. Casi todos los días, vaya. Sin embargo, tengo la impresión de que muchas veces hacemos lo mismo con nuestra felicidad. Pero elegimos la opción fácil: **quejarnos.** «Es que esto, es que lo otro… Si tuviera eso, haría aquello… Si las cosas fueran diferentes, yo…» Pues claro, Mari. Yo también haría otra cosa si las cosas fueran diferentes y si tuviera dinero viajaría como si no hubiera un mañana. Pero lo cierto es que esto es lo que hay. Tu realidad es esta y no quiero sonar a libro de autoayuda, ni a frase de Mr Wonderful, pero **si no cambias aquello que no te gusta, difícilmente va a venir un hada madrina a tocarte con su varita mágica y arreglarte los problemas.**

Pero eh. Que somos de lo que no hay. Podemos tirarnos horas, días e, incluso, años, señalando los problemas y criticando a la realidad… ¡Como si a ella le importara! Muchas personas tienen un máster en conocer cada detalle de sus problemas; otras se los endosan a los demás; otras los arrastran como una piedra de una tonelada y en caaaada conversación sale el dichoso problemita; otras los apartan y dirigen su atención a ayudar a otros con sus problemas; e incluso otras, ¡agárrate!, se dedican a culparte a ti porque ese problema esté en su vida. Who knows. Tenemos muchas formas de afrontar los problemas o aquello que no nos gusta; sin embargo, solo conozco una sencilla manera de hacer que algo se modifique: **actuando diferente.**

**Aunque, en otras ocasiones,
solo cambiamos cuando el dolor
de mantener la situación actual es tan grande
que no podemos sostenerlo durante más tiempo.**

Dicen que **el primer paso para cambiar algo es reconocerlo, aceptarlo.** Y no les falta razón, puesto que todo **aquello que está en el inconsciente te maneja, pero aquello que hacemos consciente es susceptible de cambio.** Aunque moleste. Aunque escueza. Aunque te joda, vaya. Y esto no va de guardar las caquitas emocionales debajo de la alfombra, querida. Esto va de meterse en el fango y ponerse cara a cara con ellas. Aquello que negamos no podemos cambiarlo.

1. **Toma conciencia.** Escucha todas tus quejas, ellas pueden darte una pista de aquello que no está funcionando en tu vida ahora mismo.

2. **¿De verdad quieres hacerlo?** ¿Estás convencida de que quieres o es una línea más en tu lista de deseos de año nuevo que nunca se cumplen? ¿Es una obligación o algo que deseas?

3. **¿Sabes hacerlo?** ¿Sí? Pasa al siguiente punto. ¿No? **Pide ayuda.**

4. **MEC:** Ministerio de Educ… nah. Aquí las únicas siglas que funcionan en todo cambio y en aquello que quieras conseguir en la vida son estas: **Mueve El Culo.** Y yastaría.

Pero, ¡paaaaara! ¡Espera! No me seas kamikaze y ahora quieras cambiarlo todo. Venirse arriba puede tener efecto rebote, así que **añade pequeños cambios que te hagan sentir mejor contigo misma.** Y recuerda que:

Se necesitan **21** días seguidos

para instaurar un **hábito**

y **33** para crear un **estilo de vida**.

¡Ah! Muy importante. El último paso responde a una pregunta que en pocas ocasiones nos hacemos: ¿Qué **recompensa** vas a darte cuando lo consigas? (Además del subidón de haberlo conseguido, ¡claro!).

El freno de mano solo para cuando estés parada

Sé que en muchas ocasiones sientes miedo y eso paraliza tus pasos. Pero vivir a medias, por si acaso, con cuidado o mirando por el rabillo del ojo del qué dirán solo significa una cosa: **vivir con el freno de mano echado.** Un «sí, pero no». Y esto poco tiene que ver con una vida a pleno corazón y con todo lo que venga. Porque, del mismo modo que ocurre con un coche, vivir con el freno de mano echado supone una avería interna. Te quemas. O, peor aún, te resignas.

Una de las claves de la autonomía personal es **disfrutar de tus momentos de soledad del mismo modo en que disfrutas de aquellos que en los que estás en compañía.** O lo que es lo mismo: que estar contigo misma no suponga una incomodidad, miedo o sufrimiento, sino un momento elegido y disfrutado.

Y es que el miedo a la soledad no es otra cosa que el miedo a lo desconocido, a nuestra oscuridad o a lo oculto de nuestro interior. Pero sin eso, no nos conoceremos al completo y no podremos, por ejemplo, vivir una relación de pareja sana, profunda y que trascienda. Cuanto más conocimiento de una misma, mayor capacidad de anticipación tendremos, más habilidad para entender al otro y a nosotras, más capacidad para construir algo real: **dos personas que con sus luces y**

sus sombras se unen para construir algo auténtico, completo y real.

Te propongo llenar tu mochila de experiencias únicas en tu compañía: **a solas contigo.** Piensa en todas esas actividades que no has hecho por miedo, por vergüenza o por el qué dirán. Desde **ir al cine** contigo misma, hasta hacer **un viaje,** pasando por **un café** contigo o **un concierto** sin acompañante.

Cuanta más autonomía, más independencia personal, más seguridad, más libertad y, por ende, compartir con otra persona se convertirá en u**n momento de placer y no de necesidad.**

Te reto, querida amiga. ¡Go!

¡Házmelo saber! ⟶ #retoautoestima #retoasolas #retomiprimeravez

Escúchate y date aquello que necesitas

Tenemos la gran suerte de tener en nuestro interior seis brújulas que guían nuestros pasos: **nuestras emociones básicas.** Cada una de ellas nos da una información muy valiosa acerca de aquello que **sentimos y necesitamos,** sin embargo, por rutina, desconocimiento o falta de tiempo, tendemos a silenciarlas.

Quizá te resulte familiar que, tras terminar el día, te sientes en el sofá y no te encuentres del todo bien, a pesar de que no te haya pasado nada en concreto. Y quizá sea así. O quizá no y no te hayas dado cuenta. Me gusta imaginarme que, al igual que tenemos un sistema respiratorio, digestivo o locomotor, también tenemos un **sistema emocional** a modo de *recipiente o volcancito* donde vamos acumulando todas esas pequeñas situaciones del día a día que casi nos pasan desapercibidas. Y, entonces, tras mucho almacenar situaciones que te han hecho sentir de una u otra manera, llega un momento en el que «¡pum!», explotas. Y probablemente la pagues con quien menos culpa tenía en ese momento o con quien más confianza tienes.

No es de extrañar que en la mayoría de esas ocasiones no sepamos cómo nos sentimos, si a la pregunta *«¿Qué tal?»* habitualmente respondemos *«bien», «mal», «regular» o «aquí, tirando».* Cada una de las emociones tiene una **traducción emocional** acerca de una **necesidad psicológica.**

T risteza (Un tiempo conmigo misma, desahogarme, agotarla…)
E nfado (Expresarlo en el momento oportuno con la persona adecuada; tomar decisiones)
A legría (¡Disfrutarla al máximo!)
M iedo (Dotarme de recursos personales y seguridad para ampliar mi zona de confort)
A sco (Alejarme de aquello que me provoca rechazo)
S orpresa (Obtener más información para saber si es agradable o desagradable)

Te propongo una bonita rutina para tenerte en cuenta, escucharte y, en consecuencia, conocerte mejor para saber qué hacer en cada momento de tu vida.

La tarea consiste en realizar un **Diario emocional.** Como tal, es algo íntimo, privado y solo tuyo: **anota cada día dos o tres emociones sobre cómo te has sentido** en diferentes situaciones y, tras el paso de tres semanas, haz un recuento de las emociones más presentes en esa etapa de tu vida. De este modo, como si de una **radiografía del corazón** se tratara, tendremos una información muuuuy valiosa de **cómo te sientes y, sobre todo, acerca de qué necesitas.**

Lo más parecido a la intuición que conozco es eso: darle validez a aquello que sientes de manera auténtica. **Aceptar tus sentimientos, escuchar qué necesidad hay detrás y cubrirla de una forma sana.** Cuando calibras tu brújula emocional, empiezas a sentirte mejor contigo misma, a acercarte a aquellas personas que te hacen sentir bien y alejarte de quienes no suman o causan malestar.

¡Warning! En muchas ocasiones, nos ocurre una especie de **dislexia emocional:** solemos albergar las emociones tan mezcladas en nuestro interior que es habitual **sentirnos aparentemente de una forma, pero en el fondo sentirnos de otra.** ¿Te ha pasado alguna vez que pensabas que estabas enfadada, pero en el fondo sentías tristeza? ¿O quizá pensabas que sentías tristeza, pero en el fondo era algo de miedo?

¿Eso significa que hay algo raro en mi forma de sentir? ¡Noooo! Solo que, en estos casos, es fundamental escucharse y ver qué sientes de base para poder identificar qué necesitas: al igual que si tienes sed, necesitas beber y solo beber, cuando sientes tristeza, por ejemplo, necesitas darte un tiempo para ti y desahogarla hasta agotarla. No llegar a la base nos hace dar palos de ciego con nuestras emociones, agotarnos a nivel psicológico y desajustar nuestra brújula interna.

Warning (bis). «Vale, sentir enfado es sano, pero... ¿por qué lo siento con tanta intensidad?». Déjame decirte que, a veces, en ciertos momentos y en presencia de ciertas personas, nuestras heriditas de guerra se reactivan y hacen que reaccionemos de una forma aparentemente desproporcionada a aquello que lo desencadena. Es como si, de repente, la experiencia pasada, a modo de altavoz, subiera los decibelios del dolor y provocase un malestar generalizado que nos es difícil definir. *«No sé qué me ha pasado para haberme puesto así o sentirme de aquella forma...»*. Es lógico que, si en el pasado te han mentido, en el presente reacciones a la mentira de una forma, quizá, un poquito más intensa. Y así con cualquier ejemplo que dicte tu experiencia.

Recuerda que todas las emociones son legítimas: **no son ni buenas ni malas** (son necesarias y adaptativas), **sin embargo, el uso que hagamos de ellas, sí puede ser sano o insano.** Identifica en estos casos de dónde viene esa intensidad, añade comprensión y haz algo diferente con ello.

Sentirte así no es nada malo: conocerte te da la libertad de entenderte. Y eso, querida, es lo más grande que puede pasarte contigo misma pues, a partir de entonces, confías en ti y **comienzas a ser tu mejor amiga: la más auténtica e incondicional de todas.**

«ELLA EH CALLAÍTA»... HASTA QUE DEJA DE SERLO

Las cosas claras: no eres una croqueta. **No puedes gustarle a todo el mundo, ni tratar de agradar a todas las personas con las que te cruzas.** Como ya nos vamos conociendo, sé que lo has hecho en algún momento de tu vida y que en otras ocasiones volverás a hacerlo. También sé que a veces tienes miedo de marcar límites o decir aquello que piensas o sientes porque quizá dejen de interesarse por ti. Y entonces, se te ocurre la fantástica idea de decir que todo te parece bien para gustar, de no dar mucho tu opinión para así no fallar o de callarte aquello que te molesta por si el otro se enfada.

Y así un día. Dos días. Una semana. Y llega un momento en que como te sigas callando te salen hasta subtítulos de toda la rabia que llevas dentro. Y ocurre. La lías parda. Atomarporculobicicleta. Estallas, pierdes los papeles y te conviertes en Chucky. El otro ve semejante espectáculo y se pira. Y entonces vuelves a validar tu creencia de que es mejor callarse las cosas porque si no se dejan de interesar por ti. Y así en bucle.

STOP. También te ha pasado, ¿verdad? 😏 Bueno, déjame decirte que en mayor o menor medida esto nos ha pasado a todas. Pero **lo importante no es dejar de enfadarse, sino enfadarse bien.** ¿Qué cómo se consigue? ¡Con mucha práctica! Y, sobre todo, evitando que la cabra tire al monte. En otras palabras: si algo te molesta, ESCUCHA tu sensor interno y exprésalo con ASERTIVIDAD.

¿Asertivi qué? **Asertividad.** Una palabra mágica que evita muchos malentendidos, que construye una autoestima a prueba de balas y un comodín en nuestras relaciones que no acostumbramos a utilizar porque es más fácil callarse las cosas o dejar que el otro adivine qué necesitamos en cada momento.

Expresa qué te molesta, qué necesitas, qué podría hacerse diferente; pide ayuda al otro, ¡exprésate, coño!

Pero eh. No me malinterpretes, Maricarmen. A ver si ahora vas a ir expresándote como una kamikaze salvaje, como si no hubiera un mañana y **confundiendo el ser asertiva con ser una sincericida.** Ser asertiva no significa decir todo lo que te pase por la cabeza.

Ser asertiva es
decir no cuando quieres decir no,
decir sí cuando quieras decir sí,
y decir no sé cuando
no estés segura de aquello que quieres.

Marcar límites con asertividad es una de las piezas claves para valorarte y darte a valorar: **conocer tus propios límites innegociables y tener tu propio espacio personal y protegerlo.** En otras palabras: construir tu propio fuerte de Playmobil: de aquí para acá, yo; de aquí para allá, tú.

Y es que existen límites que no hay que traspasar, todos lo sabemos. Sin embargo, cuando no están claros, es muy fácil traspasarlos y que todo valga. Pero lo cierto es que todo no vale.

Delimitar un contexto nos da libertad. No hacerlo fomenta la inseguridad y la falta de respeto. El día en que comienzas a dibujar tu frontera personal, lejos de limitarte, te sorprenderá lo amplio que puede llegar a ser tu horizonte. Recuerda que **un NO a tiempo es un regalo con envoltorio de honestidad que, bien expuesto, puede estrechar lazos con el otro en lugar de romperlos.**

Cuando eres capaz de decir NO se produce un **acto de generosidad: hacia ti misma y hacia la otra persona.** Porque la asertividad, en esencia, es un regalo de **respeto bidireccional.**

«Esto es importante para mi», «Esto no me gusta», «Preferiría hacerlo de otro modo», «La próxima vez me gustaría

que fuera diferente», «Esto me molesta», «Esto me incomoda», «¿Cómo podemos hacer para que nos venga bien a los dos?», «¿Qué te parece si…?»

Haz las paces con tu niña interior

«Ay, yo venía al frigorífico a por algo y se me ha olvidado». Pues mujer, irías a por algo de comer. O de beber. Obvio. Pero, ¿cuántas veces nos ocurre esto en la vida? Porque hasta nuevo aviso, tenemos una sola vida, venimos a ella y por el camino se nos olvida a qué veníamos. Pues a vivir. A VIVIR, QUERIDA. Y eso pasa por tomarte en serio todo lo que tiene que ver contigo misma. Como, por ejemplo, **tu palabra.**

¿Recuerdas la palabra de meñique o pinky promise que nos hacíamos de pequeñas? Esa promesa importante que hacíamos a alguna amiga era un pacto sagrado que bajo ningún concepto se podía romper. Del mismo modo debería ser con nosotras mismas: **¿cuántas veces cumples aquello que te prometes? ¿Cuántas veces terminas aquello que comienzas? ¿Cuántas veces empiezas mil cosas** (para sentir que «eres productiva» o que «tu vida tiene sentido») **y las dejas pendiente porque no te da la vida?**

Oh, oh… Me dicen por el pinganillo que tenemos problemas con estas preguntas. Afirmativo. Tenemos un gran problema, porque quizá sea muy *typical Spanish*, pero aquí nos tomamos a la ligera el *«te llamo esta semana», «tía, tenemos que vernos», «mañana empiezo el gimnasio», «de este año no pasa que empiezo a cuidarme», «este mes fijo que me pongo con el Marie Kondo»* y venga dale que te pego con el multitasking porque mola mucho eso de tener cuarenta millones de actividades al día como si al alguien al final de la jornada te estuviera esperando con una medalla o una palmadita en la espalda. Vamos, que **parece que desgrava prometer cosas que no vamos a cumplir o tener mil tareas que, lejos de hacerte sentir bien, te producen ansiedad y te restan energía.** Y lo peor de todo es que lo sabemos.

Ojalá pudiera transmitirte lo jodidamente importante que es este punto para tu autoestima, amiga. Porque, si nos tomáramos más en serio aquello que nos decimos y nos prometemos, nos querríamos con la fuerza de los mares y tendríamos muchísima más confianza en nosotras mismas.

Pero, a lo que iba: tengo una buena y una mala noticia: la buena es que, dentro de ti, sigue habiendo **una parte de esa niña que fuiste;** la mala es que, con bastante frecuencia, se te olvida.

Crecemos y pensamos que ser mayor es hacer exclusivamente cosas de mayores y, entonces, vamos perdiendo esa parte tan genuina de una: aquella a la que le gustaba jugar, divertirse, ser espontánea, enérgica, risueña, soñadora… Pero esa parte sigue ahí contigo. Solo que, quizá, la tengas escondida (o aplastada) debajo de todas esas exigencias de mujer adulta que has ido añadiendo a tu rutina diaria.

Pareciera que hablar de la niña interior que todas llevamos dentro fuera algo que se haya puesto de moda o quede guay nombrar, pero lo cierto es que, sin ir más lejos, es la base del sistema inmunológico de nuestra mente. **Nuestra autoestima va de la mano de esa niña interior y de la relación que tengas con ella.**

Recuerda que **esa niña interior se comporta como una niña de unos seis años:** ¿Qué ocurre si le prometes llevarla al cine y, llegado el día, cumples con esa promesa? ¡Que molas muchísimo, ella está feliz y encima tú eres una tía de palabra! ¿Qué ocurre si le prometes llevarla al cine y, llegado el día, no cumples con esa promesa por el motivo que sea? ¡Que la has cagado! Esa niña empieza a desconfiar de ti y dejas de ser alguien de palabra. Ñe… Comienzas a ser persona non grata para ella y se distancia, de alguna forma, de ti.

Algo similar ocurre con nosotras mismas y nuestra niña interior: cuando llevamos a cabo aquello que nos prometemos, **nos ganamos su confianza y, por ende, la nuestra;** cuando no hacemos aquello que nos prometemos o dejamos a medias aquello que comenzamos la relación de confianza se pierde y empezamos a castigar a esa niña interior que, como buena niña que es, solo quiere jugar, divertirse y obtener aquello que se le promete porque eso le da seguridad y confianza. Y, misteriosamente, coincide con esos momentos en los que sientes menos confianza y seguridad en ti misma. BAIA, BAIA… ¿Casualidad?

No te prohíbas el derecho a vivir, amiga, y deja a un lado todas esas promesas que sabes que no vas a cumplir y que forman parte de la lista de buenos propósitos de año nuevo. Si quieres una autoestima sana, el primer paso será hacer las paces con tu niña interior: **ponte pequeños retos y cúmplelos.** Recupera su confianza y la tendrás siempre de tu lado: a tu lado.

«Autoestima» parece una palabra enorme difícil de hacer tangible, pero en realidad, **se esconde en lo más pequeñito de lo cotidiano:** en tu palabra, en aquello que prometes y te prometes, en el compromiso que adquieres con la vida, contigo y con los demás. Y, si no lo crees, ¡haz la prueba! Guiño, guiño.

Piensa bien, háblate bonito, sé buena contigo misma

Seré breve: anota todas las creencias y opiniones que tienes sobre ti misma y tu valía. Hazlo, *porfa.*

Ahora rómpelas. Y, por favor, a partir de ahora, presta atención a todas las veces que, sin querer, te hablas mal al día. Incluso los comentarios más *tontos* que te digas a ti misma.

Ahora, vamos a ver, *alma de cántaro…* ¿Cómo pretendes cambiar o sentirte cómoda contigo si te das voces a nivel interno? ¿Quién cambia cuando se le señala o se le exige? Déjame decirte que **la mente se cierra a la exigencia y el corazón se agota de intentar calmar a la expectativa.** Así es imposible cambiar sin el coste emocional que supone hacerlo desde el dolor, la presión o la resignación.

¿Entonces?

Háblate bonito y todo será más sencillo.
Es más: háblate como le hablarías a una niña pequeña, por ejemplo.

Resulta curioso el cariño, el mimo y la ternura con la

que nos solemos dirigir a los más pequeños, olvidando una vez más que, dentro de nosotras, vive la niña que un día fuimos y necesita que se dirijan hacia ella con el mismo amor.

¡Warning! En inglés, tienen el famoso verbo «To be» que significa «ser o estar» y no hay distinción. Para ellos está verywellfandango. Sin embargo, en castellano tenemos la suerte de contar con dos verbos distintos que, además, conllevan dos significados diferentes: **una cosa es SER y otra ESTAR.** Esto es una gran noticia: *no es lo mismo ser torpe, que estar torpe.* Dilo en alto. Comprobarás la diferencia entre una y otra palabra y no solo por el léxico, sino por lo que supone a nivel interno escuchar ambos mensajes: puede que hoy estés algo torpe, pero no eres torpe todo el rato, a todas horas, en todos los contextos.

La mente no tiene sentido del humor, amigui. Se zampa todo aquello que le dices sin filtro alguno. Por tanto, cuida cómo te hablas: **protege tu identidad y tu esencia porque son la parte más auténtica de ti.** No la castigues con mensajes que no son ciertos y hazte un favor enorme:

Mírate con esperanza,

no con expectativa.

Ten empatía contigo misma, compréndete, ponte a tu lado y de tu lado. Sé buena, date manga ancha para el error, celebra el acierto por todo lo alto y móntate un pedestal para los días en que necesites recordar que eres *la número uno de tu vida. The best.* La **** ama. La jefaza. La mismísima Rosalía, *tra, tra.* La del anuncio de *Pantenne* con pelazo. La viva imagen de Beyoncé en Single Ladies o la reina del Flow. No sé. Elige a quien quieras para venirte arriba. Pero, sobre todo, elígete a ti. CELEBRÁTE. Estás viva, coño.

Deja de contar pétalos y échate flores

Casi con total seguridad, si estuviéramos tomando ahora un café y te preguntara por un listado de cualidades positivas sobre ti misma, no me haría falta ser Esperanza Gracia para saber que me dirías algo así como: *«buena gente, amiga de mis amigas, simpática»* y un puñadito más de cualidades que nos sabemos de memoria y que, además, están orientadas a los demás.

Ahora bien, si abriéramos la veda para comentar esas cosillas que no te gustan de ti, a buen seguro podríamos pedir varios cafés y pasar la tarde entera hablando de tooooodo lo que tienes que mejorar. **Uno de los mayores problemas es que ponemos el foco en aquello que nos falta y no en aquello que ya tenemos.**

Tenemos una especie de grabadora interna donde vamos almacenando todos los mensajes que recibimos del entorno y, al lado, otra grabadora con más pilas y que jamás deja de trabajar: la grabadora de aquello que nos decimos nosotras mismas a nivel interno. Ojalá fuera como un teléfono que se queda sin batería, pero lo cierto es que esta grabadora tiene algo que ya te gustaría para tu móvil: **batería infinita.** ¡No se acaba nunca la muy puñetera! Incluso cuando dormimos, sigue funcionando y reproduciendo en bucle aquello que, queriendo y sin querer, nos vamos diciendo por

dentro (¡y muchas veces en alto!).
Si bien es cierto que recibimos alrededor de treinta y ocho feedbacks negativos frente a uno positivo desde que somos pequeños, las estadísticas están para cambiarlas. Rómpelas y **ponte a tu favor.** Como me imagino que tendrás una larga lista para definir a quienes quieres, pero reducidita cuando se trata de ti, te echo una mano con un listado de cualidades. Señala aspectos positivos de ti misma: haz una cruz en aquellos que te gustaría mejorar o incorporar en tu vida.

Además, selecciona (¡o invéntate!) una **cualidad talismán.** Todos y todas tenemos muchas, pero elige una. Esta cualidad tan especial es aquella que te define en cualquier contexto, en cualquier situación, con cualquiera persona. **TU ESENCIA.**

Como aquello que no se apunta, puede caer en el olvido, te invito a escribir el listado de cualidades para que amplíes tu registro y si alguien te pregunta no te quedes en blanco.

¡A tirar la casa por la ventana! Saca pecho, levanta la cabeza y *¡dientes, dientes!* 😏☺️

- ____________________
- ____________________
- ____________________

- ______________________
- ______________________
- ______________________
- ______________________
- ______________________
- ______________________
- ______________________
- ______________________
- ______________________
- ______________________
- ______________________
- ______________________
- ______________________
- ______________________
- ______________________
- ______________________
- ______________________
- ______________________
- ______________________
- ______________________
- ______________________

¡Házmelo saber! → #porqueyolovalgo

Haz tu propio

cariñograma

A
DULCE
L
E
I
G AMABLE
C R R
VALIENTE
P
AUTÉNTICA
Z M
CORAZÓN
R

Listado para hacer

Abierta Activa Agradecida Alegre Amable Asertiva Atenta Auténtica Bondadosa Capaz Clara Creativa Coherente Comprometida Comunicativa Conciliadora Con confianza en sí misma Consciente	Constante Cooperativa Cordial Cuidadosa Decidida Desenvuelta Dialogante Discreta Divertida Dulce Enérgica Entregada Entusiasta Empática Emocional Espontánea Estable Exigente Extrovertida

propio cariñograma

Fiable	Positiva
Fiel	Práctica
Flexible	Precavida
Formal	Precisa
Generosa	Puntual
Habilidosa	Prudente
Honesta	Con recursos
Independiente	Reflexiva
Imaginativa	Respetuosa
Íntegra	Responsable
Leal	Resolutiva
Líder	Risueña
Libre	Segura
Madura	Sencilla
Motivadora	Sincera
Natural	Simpática
Optimista	Soñadora
Organizada	Tranquila
Paciente	Tolerante
Persistente	Valiente
	Voluntariosa

¡Warning! ¿Te suena esto?: *«Si sale algo bien fue por suerte y si sale algo mal fue por mi culpa».* Tanto una cosa como la otra son síntoma de algo: de *falta de autoestima.* Si algo sale bien es porque lo has hecho bien y se dice. Si algo sale mal, ¿sabes qué? Que también se dice y no pasa nada. Aquí hemos venido a vivirlo todo y, si bien es importante aprender de los errores, también es vital reconocerse cuando no caemos en ellos.

¿De qué te sientes orgullosa? ¿Qué logros, por muy pequeñitos que sean, has conseguido a lo largo de todos estos años?

- __________________
- __________________
- __________________
- __________________
- __________________
- __________________
- __________________
- __________________
- __________________
- __________________
- __________________
- __________________
- __________________

Psssss, que te veo. Haz un alto en la lectura. ¿Has visto todo lo que has escrito ahí arriba? ¿Y vas a continuar leyendo como si nada? ¡No, joder! **Los logros SIEMPRE hay que celebrarlos.** Cierra ahora mismo el libro y date un capricho. ¡Celébralo, tía! ¡Es una orden!

Autocuídate por dentro y por fuera: sé egoista

¡Te pillé! Has seguido leyendo sin celebrarlo, *jo.*

Ainssss… Así es difícil disfrutar de una bonita autoestima: estamos faltas de tiempo de calidad con nosotras mismas y, eso tiene un impacto emocional en nuestro interior. Si a eso le sumas que nos cuesta celebrar nuestros logros, decir en alto aquello en lo que somos buenas; nos sentimos *«mala profesional/madre/hija/mujer/amiga/…»* si no lo hacemos perfecto y nos focalizamos en nuestros errores más que en nuestros aciertos, te será familiar la sensación de no estar a la altura, de no ser suficiente y, en consecuencia, la frase «POR MI CULPA, POR MI CULPA, POR MI GRAN CULPA».

No te juzgo, a mí también me pasa. La culpa es un sentimiento que nos acompaña de cerca debido a las propias exigencias, a las del entorno y la *cultura de la perfección* en la que nos vemos inmersas. Pero lo cierto es que, a pesar de todo, podemos poner mucho de nuestra parte, amiga. Creemos que sentir mucha culpa es el baremo que mide la importancia de nuestros actos, más concretamente, de nuestros errores. Pero lo cierto es que la culpa tiene que ver con las expectativas que tenemos sobre nosotras mismas. Es un sentimiento muy sencillo de entender, pero de los más difíciles de gestionar:

Cuando tu «imagen ideal» («yo ideal») y tu «imagen real» («yo real») se alejan, aparece el sentimiento de culpabilidad. Cuanta más lejanía haya entre ambas imágenes, más intenso será el sentimiento. Vamos, entre tú y yo: la culpa no es otra cosa que esos momentos en los que no eres o actúas como crees que deberías ser o actuar. Y, entonces, aparece una *personajilla* dentro de nosotras a modo de *«castigadora interna»* que, con su gran *látigo imaginario,* da rienda suelta en forma de pensamientos negativos por el error cometido. *«Porque tú eres…», «¡Si es que siempre me pasa igual!», «No sé ni para qué lo intento…», «Ya me lo decía mi madre…», «Pero, ¿tú te has mirado?», «Si fulanita no lo consiguió, ¿quién me he creído yo para hacerlo?», «Bah, ni lo intentes», «¡Qué fuerte! Con lo que yo he sido y mírate», «¿Cómo he podido cagarla de esa manera?», «No valgo para esto», «Eres ******…»*

La «culpa sana» es en realidad la responsabilidad de nuestros actos, y esta nos informa de que hemos hecho algo que no va con nuestros valores y, oye, pues se rectifica y pa'lante. Sin embargo, la culpa más pesada es aquella en la que nos enganchamos y nos enredamos más que los cables de los auriculares y, de este modo, no buscamos ni encontramos solución.

Sí, sí: existe solución. Solo que no es un trabajo sencillo. El objetivo es acercar ambas imágenes lo máximo posible para sentir cierta **coherencia entre lo que eres y lo que haces** (teniendo en cuenta que todas cometemos errores y tenemos nuestros momentos de incoherencia, ¡obvio!). Para que ambas partes se den la mano, será necesario conocer tus valores y actuar en consecuencia y, sobre todo, añadir un *plus extremegaimportante:*

**Deja de poner los listones a altura de vértigo
a sabiendas de que no vas a saltarlos
ni con una pértiga.**

«Yo es que soy muy perfeccionista…» Yi is qui siy miy pirficciinisti… Querida, ya somos como de la familia y podemos hablarnos claro: **querer hacer las cosas bien es bonito; querer hacerlas todo el rato perfecto, me huele a rigidez.** Lo cual me lleva a pensar en la necesidad de tener las cosas bajo control. Lo cual me lleva

directa a cierta falta de seguridad y a que todo salga *como lo tengo en mente.* Lo cual me lleva de cabeza a compartir contigo y con amor que el **exceso de perfeccionismo, a veces, es una cara amable y socialmente aceptada del miedo.** A fallar. A equivocarme. A que se ponga en duda mi valía. A conseguirlo (¡aunque suene mu loco!), y esto, en ocasiones, nos lleva a poner listones altos y así tener una aparente excusa para justificar el posible fracaso de no conseguirlo. Todo esto, de alguna forma, nos lleva a darle rienda suelta a la pereza o comodidad porque *«total, no voy a conseguirlo, está muy alto…»*. A… (¡rellena con los tuyos!).

Luchamos tanto por tener el control de todo que olvidamos algo tan importante como necesario: perderlo de vez en cuando.

¡Warning! Houston, tenemos un problema. Un BIG problema, de hecho. En estos tiempos modernos deberíamos agregar otra variable: a tu *«yo ideal»* y tu *«yo real»* es necesario añadir tu «yo ***en Instagram***». Ya que, una cosa es quien soy (mi «yo real»), otra aspirar a mejorar (mi *«yo ideal»*) y otra MUY diferente querer ser algo que no eres (mi «yo en IG»). Por desgracia, uno de los mayores y actuales problemas para nuestra autoestima es que **pretendemos acercar nuestra *imagen real* a una imagen inexistente e inalcanzable:** en la vida real no puedes aplicarte filtros, ni Photoshop, ni estar estática como en una foto. Respiras. Vives. Envejeces. A veces ganas peso. Cumples años. Cambias. Tienes tus días de mierda. Otros con el guapo subido.

Querer aspirar a tu *«yo de IG»* (o peor aún, al IG de otra persona como suele ser lo más habitual) está condenado al fracaso, a la baja autoestima, a la inseguridad, a la frustración y, por último, a la culpa.

La dictadura del like:
A mayor número de likes, mayor valía personal.

TU VIDA REAL ESTÁ FUERA DE UNA PANTALLA

Qué sorprendente fue en su época la película *Her*, ¿recuerdas? Me asusta pensar que no exista mucha diferencia hoy en día de aquel entonces. Vivimos tan pegados al teléfono que olvidamos el mundo que tenemos a nuestro alrededor. A veces, existen personas maravillosas y momentos que nos perdemos por mirar una pantalla en lugar de mirar de frente a la vida. Hazte un favor y deja de dedicar tanto tiempo a las redes sociales. Vive tu vida, no necesitas un like para sentirte mejor ni comentarios que aprueben tu valía. Si quieres mantener a salvo tu autoestima, deja de compararte, acorta los ratitos que pasas viendo Stories y publicaciones de vidas perfectas, con personas perfectas, con cuerpos perfectos, con relaciones increíblemente perfectas. NO ES VERDAD. Y sé que lo sabes. Pero qué difícil es acallar esa vocecita interior que te dice de alguna forma que, como tu vida no es igual, vale menos. Recuerda que l**a mayoría de los momentos más felices no tienen la foto perfecta.** Tu vida está fuera del teléfono.

Menos dramas, más satisfayer

Fííííjate. ¡Qué pensaría Copérnico al verte! Tanto estudiar el universo para que ahora vengas tú y te creas el centro del mismo.

Que seguro que eres un solazo, pero el puesto principal está *cogido* desde hace bastantes años. A ver… Entiendo que a cada una nos duele lo nuestro, precisamente por eso: porque es nuestro. Pero a veces perdemos mucha energía sufriendo innecesariamente por situaciones o problemas que, a buen seguro, no lo serían tanto si nos diéramos un segundo para poner en perspectiva la supuesta *gravedad* de los mismos.

Muchos de nuestros problemas se convierten en pequeñitos cuando logramos *reencuadrarlos* y darles el lugar que les corresponde. Píllate un bol de palomitas, siéntate e imagina que delante de ti aparece, a modo de peli, la situación tan suuuuumamente grave que está ocurriendo ahora y que tanto te perturba: *Objetivamente, ¿qué está ocurriendo? ¿De qué va la peli? ¿Qué hace el personaje principal? ¿Cómo reacciona? ¿Te gusta? ¿Qué harías en su lugar?*

Si bien el objetivo no es quitar hierro a situaciones importantes (bueno, un poquito sí), de lo que se trata es de evitar las montañas de arena cuando bien podrían haberse quedado en un pequeño granito de arena. O, como mucho, un puñadito de la misma.

¿Qué es lo peor que puede pasar? ¿Seguiría siendo igual de importante si te dan ahora mismo una mala noticia? ¿Qué pensarás de esto dentro de unos meses? ¿Qué ocurriría si no lo haces ahora mismo? Del 0 al 10, ¿cuánto de grave es esto realmente?

R-e-s-p-i-r-a (no hiperventila), R-E-L-A-T-I-V-I-Z-A y **relájate, tía**. Mañana seguirá saliendo el sol y tendrás un nuevo día para intentarlo, para seguir, para terminar aquello que empezaste o para comenzar algo diferente. Sea lo que sea que necesites, dale a cada cosa, situación y persona el espacio que le corresponde en función de su importancia y porfa, porfa, porfa: no te olvides de ti. **Hagas lo que hagas, seguirás siendo una mujer maravillosa.** No necesitas ser una superwoman, ni una capa para demostrarlo: **tu mayor logro y superpoder es ser la gran mujer que YA eres AHORA.**

Nadie es imprescindible.
Con o sin nosotras, la vida sigue.

Póntelo fácil:
Esto también pasará.

Expectativa:

Realidad:

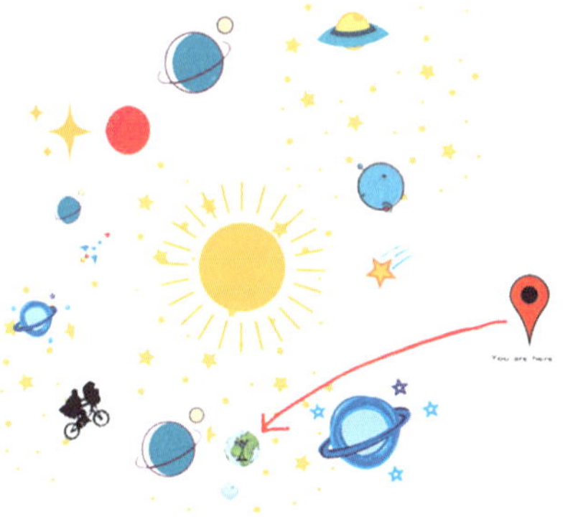

Deudas pendientes contigo y con los demás

Dado que vivir entraña algunos riesgos, todos y todas tenemos heridas emocionales en algún lugar de nuestro interior. Existen muchas formas y protocolos para sanar cualquier tipo de heridas; sin embargo, cuando se trata de las heridas del corazón, normalmente suelen estar relacionadas con otras personas y aquellas situaciones en las que no salieron las cosas del todo bien por el motivo que fuera.

De todos los hilos que existen, dos de los más resistentes a la hora de coser cualquier herida emocional son el perdón y el agradecimiento.

Todo lo pasado, ya ha pasado y por eso se llama así. Y, a pesar de ser algo evidente, lo pasamos por alto y nos empeñamos en muchas ocasiones en trasladarnos constantemente a ese lugar que ya no existe.

**No puedes cambiar el pasado,
pero sí el modo de reescribir tu historia.**

Piensa en todas las situaciones que, de algún modo, están atascando tu vida y evitando que todo fluya de manera más armónica: *una discusión con ella, un malentendido con él, una relación que se deja enfriar porque nadie termina dando el paso, un perdón pendiente que no te atreves a pronunciar, una situación incómoda en la que estás esperando a que sea el otro quien zanje un tema...* **¿Qué puedes hacer tú para mejorar esa situación?** Y digo *mejorar*, porque en ocasiones, no podemos arreglarlo todo; ni dar el primer paso nos asegura que todo se solucione ya que cada persona, al igual que tú, tiene su proceso, su momento y su vida. Pero no te quedes con esa espinita clavada y esa deuda pendiente: **haz lo que esté en tu mano para mejorar las situaciones que no dejan fluir tu propio bienestar y el de las relaciones de las personas que te importan.**

Y por pedir que no quede. Así que, si de mejorar nuestra autoestima se trata, una actitud que lo mejora absolutamente todo es el **agradecimiento más allá de dar las gracias. Sentirse agradecida y ser agradecida con una misma, con los demás y con la vida** es otro rollo. Otro nivel. *Supermegaextradiosa del Olimpo.* Pero claro. Todo lo bueno lo damos por hecho, por sentado, *porquesí.* Y no es hasta que lo perdemos cuando, entonces, lo valoramos. Y nos lamentamos. Y nos arrepentimos. Y *«jo, yo hubiera hecho, yo hubiera dicho, yo hubiera...».* **La mejor manera de no arrepentirte en el futuro es actuando en el presente.** Y tu presente lo haces aquí, ahora, cada día. Día a día. Momento a momento. Por lo que, abrir los ojos y comenzar a ver todas aquellas personas y situaciones que tienes a tu alrededor para sentirte agradecida, será la clave para asegurarte un futuro en el que disfrutar del bienestar que supone valorar las pequeñas y grandes cosas de la vida.

Antes de ir a dormir, piensa en **tres situaciones** por las que te sientas agradecida **(de ti misma, de otra persona y de la vida).** Y recuerda: menos es más y, en ocasiones, detrás del gesto más pequeñito se puede esconder lo más grande.

Un *perdón* y un *gracias* a tiempo
te arreglan el día, la semana
y, en ocasiones, toda una vida.

ASUME TU RESPONSABILIDAD (PERO NO TODA)

Sé que lo sabes, pero déjame recordártelo: no eres responsable de lo que piense fulanita de ti; ni de las expectativas que ponga *nosequien* en ti; ni de lo que te diga o deje de decir *menganito*; ni de las opiniones ajenas sobre tu forma de vivir.

Tú solo eres responsable de ti, de tus pensamientos, de tus acciones, de tu forma de tratar a los demás, de tus valores, de tus decisiones y, en definitiva, de todo aquello que depende exclusivamente de ti en tu vida.

Teniendo esto en cuenta, es buen momento para recordarte de nuevo que, ni somos el ombligo del mundo, ni el centro del universo y, por tanto (¡y menos mal!), no somos las únicas responsables del 100% de todo lo que ocurre a nuestro alrededor.

Piensa que, cada vez que señalamos con el dedo **algo externo** sobre aquello que nos ocurre (o sea, cuando *le echamos la culpa* a algo o alguien), siempre existen **tres dedos** que nos apuntan **a nosotras.** No obstante, salvo situaciones excepcionales, tenemos cinco dedos. Y con ello, es importante no obviar que *otro dedo* señala hacia arriba, es decir, hacia **circunstancias** que, en efecto, no dependen exclusivamente de nosotras o de una persona en concreto. Llámalo *universo, suerte, karma, el* *gobierno o el mal tiempo. Yoquesé.* Lo cierto es que, si esa mano recogiera el 100% de todos los aspectos responsables de aquello que está ocurriendo en tu vida, **a ti te corresponde la friolera del 60% de esos tres deditos que apuntan hacia ti.**

«Menuda putada», pensarás (un poquito) en el fondo. Porque, si bien no podemos controlar todo lo que nos ocurre, sí que **está en nuestra mano modificar bastante más de aquello que imaginamos.** A veces será un cambio de actitud, a veces nos tocará asumir ciertas incomodidades, en otras ocasiones hacer alguna pequeña modificación de pensamiento, hacer algo diferente, dejar de hacer algo, hacerlo de otro modo, ser más constante, trazar un plan distinto, poner un límite o, sencillamente y **aunque te cueste, mantener las cosas tal y como están, bajarte de algunas batallas y dejar de intentar controlar los comportamientos de los demás** porque no depende al 100% de ti que todo vaya como crees que debe ir.

Haz el 100% con tu 60% de responsabilidad.

Así que un poquito de *less drama, par favaaar:* cuando pienses que todos los dedos te apuntan a ti, acuérdate de Copérnico mirándote con cara de desaprobación por creerte de nuevo el *centro* del mismísimo *centro.* Y, cuando creas que *contigo no va la cosa,* piensa que **en todas las situaciones que te ocurren hay un poquito de ti** y que echar balones fuera (y quien dice balones dice responsabilidades) es dejar de asumir tu parte en aquello que te ocurre y te corresponde. Vamos a por el término medio, amiga: relax, sí; pero agarra las riendas de lo que te pertenece.

Somos títeres y titiriteras:
nosotras movemos
nuestros propios hilos de libertad.

Extra conseji

¿Sabes? A veces se nos olvida lo importante. Sí, con mucha facilidad. Así, casi sin darnos cuenta. Casi sin querer. Pero se nos olvida. Y, poco a poco, esos trocitos de lo importante se pierden y, por despiste o por dejadez, quedan detrás de otros aspectos que creemos que son más importantes, más urgentes o que tienen mas relevancia. Es curioso cómo todo aquello que se cuela como urgente suele coincidir con aspectos que tienen que ver más con los demás que con nosotras mismas. Y, a riesgo de ser un tanto pesada, es imposible terminar este listado de consejos sin darte el más importante de todos:

En ocasiones la vida sucede del mismo modo que en aquellos tiempos en los que jugábamos al escondite. ¿Recuerdas qué hacíamos para salvarnos?

Por mí y por todos mis compañeros…

¡y por mí primero!

¡y por mí primero!

¡y por mí primero!

¡…y por mí primero!

No te olvides de ti:
Situarte en primera fila
no es un gesto de egoísmo,
sino de amor propio.

«JO, SI YA LO HAGO TODO Y O PASA NADA EN MI VIDA...»

¡Ay! Olvidé añadir un *warning* denominador común en cualquier fase o etapa de la vida: **La justicia no existe.** Hay que asumir que, **incluso siendo buena persona, ofreciendo lo mejor de ti y teniendo amor propio... apostar por algo o alguien puede finalmente salir mal.** Lo que tú pongas de ti ayuda a que las cosas vayan bien, PERO no te asegura jamás que todo vaya a funcionar. Dado que cualquier relación (de cualquier índole) no depende al 100% de ti, hay que dejar **un margen a la posibilidad de perder,** del mismo modo en que añadimos la ilusión de que todo pueda salir bien.

Ser buena persona contigo y con los demás no te asegura que todo vaya a ir como te gustaría, pero asienta las bases del equilibrio cuando las cosas vayan mal y minimiza el sentimiento de culpa. En definitiva, todo esto va de **estar bien para cuando las cosas vayan mal.**

Hay temporadas que, si bien podrías ser una ameba de los fondos de los mares, son más que necesarias y sirven para recuperarte a ti misma o aquella parte de ti que se quedó por el camino o descuidaste. Cuando has transitado un camino con altibajos, una «relación tóxica» o un «vínculo montaña rusa», es normal acostumbrarse a ello y sorprenderse e incluso asustarse cuando *«no pasa nada en tu vida».* Déjame recordarte que la vida no es estar en discusión continua, ni en tensión constante, ni en la intensidad de la curva todo el día, ni cuidando al detalle cada paso por si es en falso. La vida, si bien tiene sus altos y sus bajos, tiende a ser más tranquila, más en calma, más «normal». Pero lo cierto es que esa «normalidad» es probable que la tengas asociada a una rutina negativa. ¡Y qué susto da cuando esa rutina se termina! De primeras, te sientes rara puesto que no estás acostumbrada a ello. De hecho, puede que sientas que tu vida no tiene sentido, que está vacía o que no tiene nada de interesante. Sin embargo, a medida que pasa el tiempo, comienzas a valorar más esa estabilidad. **Y a lo que un día te pareció plano, ahora lo llamas equilibrio. Lo que un día pensaste que era vacío, ahora te hace sentir completa. Lo que en el pasado creíste poco interesante, ahora te parece lo más valioso del mundo: tu propia estabilidad.**

Si has logrado llegar aquí, mereces hacer un alto y recompensarte este hito en tu historia personal. No es sencillo llegar a este punto del camino. Algunas personas pueden estar toda la vida intentando llegar a este punto… ese punto «de caramelo» donde haces las paces contigo misma, cierras heridas abiertas, conoces tus cicatrices, te muestras frente al espejo con todo y sonríes. **Te sonríes. Te aceptas.** Con tus cosas y cosillas. Las buenas y las menos buenas. Y dejas de estar en guerra con nada ni nadie. Y entonces, y solo entonces, estás en el mejor momento para pasar a la siguiente y última fase de este viaje.

Repite conmigo:

Ha llegado mi momento.

The show must go on!

P.D. POST DATA

Ahora sí que sí, querida. Para ser honestas, pero sobre todo realistas, llegar a este momento de tu vida no te asegura que todo vaya a ser de ahora en adelante un camino de rosas, lleno de brilli brilli y donde la alfombra roja se despliegue en cada situación complicada que tengas que transitar. Con toda seguridad vas a volver a equivocarte, vas a sentir miedo o tristeza en algún momento, vas a dudar sobre qué hacer o decir, vas a cruzarte con personas que no merecen ni un segundo de tu tiempo e incluso a veces perderás la esperanza. Sin embargo, en esta ocasión será diferente: ahora te tienes. Y con eso ya es suficiente. Eres la mejor amiga, compañera y mujer que puedes tener a tu lado porque, si bien el resto de personas que te quieren son buena compañía y apoyo, te faltaba la más importante de todas: TÚ MISMA.

Hacer las paces y tenerte de tu lado es el mejor regalo que puedes hacerte jamás ya que, pase lo que pase, podrás sentir soledad en algunos momentos, pero nunca estarás sola. Solo así la compañía que quieras cerca será una decisión y no una necesidad. Bendita libertad.

Y qué bonito elegir y sentirse elegida; querer y sentirse querida; cuidar y sentirse cuidada. «Reciprocidad», esa palabra aparentemente difícil de pronunciar y sencilla de deletrear en cada gesto cuando coincides con una persona que la traduce de forma parecida.

Y es que nadie nos enseña a querer; sin embargo, a querer se aprende queriendo y, sobre todo, a querer se aprende con amor propio. Pero también puede ocurrir algo precioso que complemente y añada ilusión, alegría y bienestar a tu vida.

Cada cuatro lunas, dos eclipses y el paso de un cometa cerca del planeta Tierra, ocurre: coindices con una persona que te gusta. Y a la que, además, OMG, ¡le gustas! Y coincidís en momento vital. Y os apetece mirar más allá de lo que se ve. Y, venga, vamos pa'lante sin tonterías. Y dale a tu cuerpo alegría, Macarena. Celebras la oportunidad que con tu esfuerzo te has currado y la vida te ha brindado. Recuerdas aquello que sí y aquello que ya no y comienzas a construir una relación de pareja con esa persona.

Solo espero, querida amiga, que, en ese momento, por el simple hecho de merecerlo, lo disfrutes y seas feliz.

Te lo mereces.
Siempre.

Amor de andar por casa

Existen muchas formas de nombrar al amor; sin embargo, lo que de verdad acerca a dos personas que se quieren son los pasos que dan hacia adelante con autenticidad, mirándose a los ojos. Un amor sencillo, despeinado y auténtico: un amor de andar por casa.

Un amor al que uno regresa cada día como quien vuelve a su hogar, donde sentirse cómodo no signifique acomodarse. Porque un amor de andar por casa te invita a ponerte las zapatillas, pero también a remangarte como aquel que tiene delante de sí mismo el reto más bonito de su vida. El más grande.

Porque el amor de andar por casa requiere de paciencia, complicidad y valentía, y entiende que la mejor de las rutinas se crea a base de sonrisas, besos y empatía. No busca el amor en grandes cantidades, sino en grandes calidades, y tampoco aspira a colocar al otro en un pedestal, sino a sentirse admirado a la altura de sus ojos… y de su corazón.

Un amor de andar por casa es espontáneo. Es un amor que baila en el salón aunque no tenga ni idea del sentido del ritmo, pero improvisa cada paso a su lado con la mejor de las intenciones y al compás de sus latidos. Es un amor relajado, con las sonrisas y las ilusiones por medio y sin recoger. Un amor, a veces, perezoso, con legañas y con sus «cinco minutitos más» en los que cerrar los ojos a la rutina y abrirlos al placer de alargarse durante horas. Un lugar donde tomarse el café, una copa de vino y la vida a sorbos en la terraza con una buena conversación. Un espacio donde tender la ropa y los miedos al sol para que se sequen y así avanzar con la valentía de frente. Y la suerte.

Un amor de andar por casa es paciente y comprensivo: es un amor con el que pasear a lo largo del pasillo como quien sabe que camina en la dirección correcta. Un amor que conoce y respeta los ritmos, acompasándolos en cada momento del día. Y de la vida. Y que cada noche te abraza para comprobar la medida de su cielo y, sin palabras, te hace sentir que todo está bien. Y si no, encontraréis la manera.

Un amor de andar por casa es imperfecto. No necesita que todo salga bien porque precisamente en el momento en el que improvisa, es cuando crea el pasaporte perfecto hacia la aventura y los recuerdos inolvidables. No precisa de superlativos para definirse, pues para el amor de andar por casa, la felicidad nace de cuidarse la piel con caricias y sacar lo mejor del otro. Y junto al otro.

Un amor de andar por casa es real: se equivoca, falla y se enfada, y es así y solo así cuando crea las oportunidades más preciosas en las que resurgir como un amor resiliente. Ese amor que crece y se hace más fuerte tras buscar soluciones a los tropiezos, siempre de la mano. Esa clase de amor que cuenta hasta diez antes de pisar lo fregado porque sabe de la profundidad de las heridas que el orgullo puede ocasionar en el corazón. Es esa clase de amor que no deja hueco para excusas, quejas y desilusiones, y en el que cada lugar de la casa está decorado con momentos inolvidables como recordatorio de que de ahí, y solo de ahí, quieres formar parte: un espacio para ser uno mismo y crear el mejor lugar del mundo donde ser y estar.

Un amor de andar por casa es honesto: expresa lo que necesita con asertividad, respetando la opinión del otro, y busca siempre la comunicación, incluso sin palabras. Porque el amor de andar por casa sabe que existe un idioma universal detrás de la mirada en la que se deletrea, con cada una de las letras en mayúscula, la palabra E-M-P-A-T-Í-A. En un amor de andar por casa caben diferencias de opiniones sin sentir que se difumina el amor por ello, donde lo único subido de tono es exclusivamente en la cama: porque un amor de andar por casa te lo puede decir «más claro, pero no más alto» que los decibelios que marcan el cariño que cabe en un tono de voz que acaricia con palabras.

Un amor de andar por casa es sincero y equilibrado: no necesita una balanza, pues este amor se sostiene sobre la generosidad del que da sin exigir nada a cambio, pero sabe encontrar el momento adecuado para pedir. No necesita reloj, pero sabe parar el tiempo en un abrazo y ser puntual a todos los «te quiero» y en cada uno de los «lo siento».

Un amor de andar por casa es complemento (directo): construye desde la paciencia, la confianza, el amor y la admiración; pide perdón, rectifica y aprende cada día. Un amor de andar por casa disfruta de la libertad de ser uno mismo en todo momento; es aquel donde el compromiso se conjuga en primera persona como punto de partida para vivir con los brazos abiertos. Un amor de andar por casa no te salva ni te completa: te abraza los miedos con esa inconfundible mirada de: «Eh, estoy a tu lado: 'yo mataré monstruos…' CONTIGO».

Un amor feliz, libre. Y humano. Un amor mano a mano, codo con codo, y corazón con corazón. Siempre, siempre, con sentido del amor y del humor en cada latido.

Porque el tiempo hace y deshace.
Y la vida, mientras tanto.
Y yo, a tu lado.

Y tú, al mío.
Y juntos, con el corazón despeinado.
Tan así, tan auténtico:
como de amar por casa.

Y, pase lo que pase, sea como sea, rodéate siempre de personas que te hagan sentir como en casa.

Porque un hogar no significa estar bajo techo, sino un lugar donde sentirse a salvo.

«Las personas hogar»

Entre todos los rincones del mundo, siempre hay unos favoritos. No importa cuánto te muevas, cuánto viajes o dónde estés, nunca es mal momento para regresar. Sabes bien cuáles son: «tus personas hogar».

Las personas hogar huelen a amor y aceptación incondicional. Huelen a cariño, a abrazos largos donde se te cierran los ojos y se esboza una sonrisa. Estas personas huelen a amistad, amor y familia elegida. Huelen a «estoy a tu lado así tengamos que apretar los dientes» y confían en ti incluso cuando tú misma has dejado de hacerlo. Son aquellas personas que no te evitan el vértigo ni la caída, sino que te ofrecen las palabras exactas que solo puede regalarte alguien que se cosió las heridas a base de aprendizajes. Ellas reparan con tanta delicadeza que eso de que «el tiempo todo lo cura» carece de sentido cuando has probado a dejarte soplar sobre las heridas por estas personas. Las personas hogar están siempre dos pasitos detrás de ti por si te caes, para sacudirte el polvo de las rodillas con amor y comprensión.

Las puedes encontrar en lugares donde lo especial y lo sencillo se encuentran y dan la mano: son ese tipo de personas que enriquecen tu vida en pequeñas dosis y hacen deliciosa cualquier situación en la que ellas estén presentes.

Las personas hogar nos dan ese impulso que necesitamos para hacer las cosas que nos dan miedo. Son el paracaídas perfecto que nos regala confianza en nosotras mismas y se convierten en la dosis exacta de valentía necesaria para saltar con la confianza de saberse protegido en la caída.

Estas personas desprenden ese olor tan particular que habita en las pequeñas cosas: huelen a libro nuevo, a taza de té caliente, a café recién hecho y a tierra mojada. Huelen a viernes, a una puesta de sol en verano y a tarde de manta y peli. Dejan a su paso la esencia de momentos irremplazables: huelen a tu canción favorita cantada en el coche a pleno pulmón, a sábanas limpias y a manta en invierno. También huelen a respeto y a un gesto oportuno a tiempo; son expertas en escuchar los silencios y adivinar qué ocurre en tu interior con tan solo mirarte. Te conocen al detalle y, a pesar de todo, y sobre todo, siguen a tu lado. Son la sinceridad y la transparencia en persona. Por eso, una persona hogar es el mejor espejo donde mirarse cada día: siempre refleja la versión más real y auténtica de ti. La más bonita. Son la luz al final del túnel, el apoyo durante el camino y el hombro en el que depositar tus lágrimas.

Huelen a brújula, a norte… No necesitas migas de pan para encontrar el camino de vuelta a ellas y tienen las coordenadas de tus momentos importantes. Huelen a paciencia, bondad y generosidad. No piden nada, pero te lo dan todo. Porque las personas hogar son la estancia más segura donde habita la suma de las pequeñas cosas más grandes de tu vida.

Ya se dijo en Forrest Gump: «La vida es como una caja de bombones: nunca sabes cuál te va a tocar». Sin embargo, las personas hogar son esos pocos bombones de la caja de tu vida que saben a certeza.

Y es que, en esencia, una persona hogar tiene la copia de la llave de tu casa y de tu corazón.

Cierra los ojos…
¿Las hueles?

PALABRAS
que nunca me dije

Pasa el tiempo y hay cosas que no cambian. Sigo perdiendo las horquillas del pelo y los nervios cuando no entiendo algunas situaciones. Me siguen gustando las velas, el olor a vainilla, cantar en el coche, hacer deporte, el sushi y los abrazos. Sigo dejando un poquito de café sin terminar en el vaso porque prefiero verlo algo lleno que sentirlo vacío, manta y peli sigue siendo mi plan preferido y continúo escribiendo aquello que yo misma necesito escuchar.

Durante este tiempo vi el mar varias veces, fui a conciertos, trabajé en aquello que me gusta, conocí a personas bonitas, me divertí, publiqué dos libros y escribí otros dos. Me alejé de varias personas y me gané, en parte, a mí misma. Dediqué tiempo a quien no lo merecía y se lo resté a quien siempre estuvo a mi lado. Celebré momentos importantes y los compartí con mis personas hogar. Hice las paces con el pasado, cerré una herida, una etapa y una puerta. Lloré de tristeza y de alegría, celebré un cumpleaños feliz, aprendí a hacer el pino, quise en silencio, no pregunté por miedo a la respuesta, viajé sola, me superé a mí misma, viví de cerca las rupturas de dos de mis mejores amigas, vi llorar a quien más quiero y recordé cada día que todo termina pasando, aunque primero te joda un poquito la existencia. Perdoné, di las gracias, pedí ayuda, resté importancia a aquello que no la tenía, fui valiente y abracé la cara menos amable de mí misma y de los demás.

Algunas situaciones me han recordado que sigo sin entender la falta de empatía, de sinceridad y de respeto. Me cuesta sobrellevar la incertidumbre, me ilusiono rápido, olvido lento, me dan miedo algunos cambios y me pesa el vacío. Todavía me siguen costando las despedidas, quererme mejor a mí misma y valorar lo que tengo por encima de aquello que me falta. Al igual que me sigue resultando difícil viajar solo con lo necesario, hacerme el eyeliner igual en cada lado y tener todos los calcetines emparejados.

En fin. Supongo que todo esto es un recordatorio de que soy humana y de que, aunque habrá cosas nuevas que mejorar, otras seguirán igual que siempre y con los de siempre. Y menos mal.

Mientras tanto, la vida sigue avanzando y todo lo que ya no duele son aquellas heridas que me recuerdan que hoy, aquí, conmigo, estoy viva: en este momento puedo mirar de frente al dolor, a mi historia, a mí e, incluso, a ti.
Cuando tuve todos mis semáforos en rojo me miré por ambos lados de la vida y crucé. Con el marcador en contra gané mi punto de ventaja mirándome al espejo. Queriéndome sin miedos, sin medida. Queriéndome sin mirar atrás, sino hacia adelante, de frente y hacia mí misma.

Y es que, si bien alguien puede dañarte, aprendí que en ocasiones tú misma permites la herida. Y, como no encuentras las ganas, dejas de cuidarla y prestarle la atención que necesita. Y, casi sin darte cuenta, dejas que el tiempo se instale sobre ella. Y, en silencio, la guardas en algún lugar donde no estorbe para poder vivir sobrevivir con ello. Pero, cuando menos te lo esperas, algo te dice que no. Que así es imposible avanzar. Que algo dentro de ti no va bien. Que la cuenta atrás para que se apague el trocito de ti que aún sigue brillando ha comenzado. Que es necesario parar, escucharte y mirar hacia adentro. Y duele. Claro que duele. Pero también sana. Y soplas. Y escuece. Y cuesta. Pero alivia. Y, de alguna forma, te haces responsable de tu herida, de tu dolor y, por extensión, de la cura de todo lo que llevas dentro. Y entonces sí. Entonces ya. Activas el mecanismo del punto de inflexión. Y te das cuenta de todo. Y, aunque te llevas las manos a la cabeza al abrir los ojos, también las llevas alrededor de ti y te abrazas. Y agarras la vida por todos lados. Y, casi sin querer, empiezas a vivirla y a vivirte. Y te pides perdón. Y te perdonas. Y te reconoces. Y te agradeces. Y, mientras tanto, te recuerdas lo importante: todo el amor que llevas dentro para ti misma.

PERDÓN,

GRACIAS,

ME QUIERO.

Perdón por no haber sabido quererte bien, por situarte en último lugar en numerosas ocasiones, por no permitirte brillar demasiado, por ayudar un poquito más a los demás antes que a ti misma y por no haber sido más «egoísta» a veces. Perdón por no tratarte con el cariño que mereces, por haberte dejado aguantar algunas situaciones, por buscar siempre el lado bueno de las personas y justificar sus acciones por miedo, desconocimiento o bondad. Perdón por aprender tarde y mal a cuidarte, a decir «no» cuando no querías algo o a mostrarte tal y como eras por temor a no estar a la altura. Perdón por quererte mal, hacerte de menos, dar mucho y esperar poco; por agachar la cabeza, los brazos y las ganas de vivir. Perdón por no saber despedirte de los lugares donde no te quisieron bien, por desconfiar de ti misma, por hacerte pequeñita, por guardar en ocasiones silencio y por sonreír cuando en realidad querías llorar. Perdón por no haberme dado cuenta que eras y eres la mayor prioridad en mi vida y a quien más necesito a mi lado y de mi lado.

Gracias por dar un golpe en la mesa y apostar por ti. Por darle la vuelta al marcador de tu vida y ser ejemplo para tantas personas. Por recoger todo el dolor y convertirlo en ganas. Gracias por tu humildad y buscar ayuda cuando tu salud se rompió, por acercarte a quienes te querían cuando las fuerzas flaquearon y por quedarte a solas contigo misma para entender todo el desastre. Gracias por no tirar la toalla cuando, en medio de las ruinas, no entendías por qué a ti y de ese modo. Gracias por quedarte cuando querías irte. Gracias por ser valiente y fuerte. Por la paciencia contigo misma, por ver más allá, aunque todo fuera oscuro, por confiar en que la luz al final del túnel era posible. Gracias por dejarte abrazar, acompañar y guiar. Por tu inagotable capacidad de aprender de todo(s), por perdonarte, perdonar y empezar de nuevo. Gracias por darte el tiempo necesario para curar tus heridas, por el esfuerzo que conlleva mirarse frente al espejo sin retirar la mirada y por mirar la vida con la amabilidad de quien sabe que puede romperse de nuevo y será capaz de salir adelante.

Me quiero. Y, pase lo que pase y pese a quien pese, siempre lo haré.

Y, ahora,

MIENTRAS TANTO,

soy libre.

soy valiente.

soy capaz.

soy FELIZ.

Y, ahora,

MIENTRAS TANTO,

VIVO.

Con todo.

Pero, sobre todo,

CONMIGO.

Epílogo

Si el triunfo de una es el triunfo de todas, el aprendizaje de una también es el aprendizaje de todas.

Gracias por la confianza, el cariño, y por regalar un trocito de vuestro corazón para que quede dentro de estas páginas para siempre.

Cada aprendizaje, cada historia y cada persona es el mejor broche de oro para este libro.

No dejes nunca de verte como te ven los ojos que te quieren de verdad.

Arriésgate: solo vivimos una vez.

Aprendí a estar sola sin sentirme sola, a escuchar mis silencios, disfrutarlos y darme aquello que necesito.

Aunque ahora no lo creas, esto también pasará.

Aprendí a cuidarme y respetarme por encima de todo.

Cuida la forma de tratar a las personas, sea cual sea el momento o la circunstancia.

Creer y ser fiel a una misma.

Aprendí la importancia de vivir el presente
y disfrutar de lo pequeño en lo cotidiano.

La felicidad no depende de nadie, solo de ti misma.

Amor propio por encima de todo
y como base de todo.

Cuando algo se va, aunque duela, es porque algo mejor está por venir.

Aprendí que soy más fuerte de lo que creo y a
no perderme a mí para salvar a los demás.

Aprendí a darme mi tiempo, mi espacio y respetar mis ritmos.

Cuando todo se vuelve oscuro,
aparecen las estrellas.

Cuídate para poder cuidar.

Aprendí que aquello que le pides a la vida,
primero te lo tienes que dar a ti.

Aunque me costó, aprendí a confiar: en mí misma y en los demás.

Siempre se aprende de cada momento, ya sea bueno o malo.

Conseguí alcanzar mi estabilidad emocional y a quererme a mí misma.

Al fin y al cabo, solo cuentas contigo mismo: ponte en primera fila en la vida.

Todo es pasajero: gracias a ello hoy soy más fuerte y valiente.

Hay que mirarlo todo desde el amor y el cariño ya que se hace siempre lo mejor que se puede.

Aprendí a aceptar la incertidumbre y las cosas que se escapan de mi control.

Entendí que la vida no exigía tanto de mí y que todo se puede solucionar.

Aprendí a valorarme más, a pensar primero en mí, en lo que me hace feliz y en lo que quiero.

Me di cuenta de las personas que de verdad estaban a mi lado.

Mi fortaleza es mi mayor soporte.

Para, respira y camina: lo malo es el momento, no tú misma.

Aprendí a soltar aquello que me ataba y hacía daño.

Para dos días que estamos, haz la vida lo más amena posible tanto a ti como a los que te rodean.

Todo pasa: no es necesario hacer
un mar de un granito de arena.

No imaginaba lo fuerte que era
hasta que me tocó demostrármelo.

Vive el momento.

No dejes que el orgullo te aleje de las personas: habla, comunícate y deja ir lo malo.

Aprendí a apreciar mucho más todo lo
que tengo y me rodea. ¡Y a quererme mucho!

Aprendí que puedo con todo y que la vida se te pone guapa cuando te rodeas de gente bonita.

Aprendí a no ceder en cosas que no me
hacían feliz de la mano de una persona.

No pretendas ser nadie que no eres por alguien que no te ve.

No pretendas ser nadie que no eres por alguien que no te ve.

El tiempo pone a cada uno en su lugar y aunque no todo lo cura, sí consigue calmar el dolor.

Aprende y sigue. Aprende y sigue. Aprende y sigue.

Aprendí a perdonar y perdonarme.

Aprendí a quedarme siempre con el lado positivo de lo negativo.

Quiérete y valórate tú: nadie más puede hacerlo mejor.

Aprendí el valor de priorizar aquello que me hace feliz y dejar espacio para lo importante.

Valora estar contigo misma para conocerte, cuidarte y respetarte.

Siempre me tuve a mí, aunque no siempre supe verlo.

ÍNDICE

Este libro terminó de imprimirse 120 horas antes de que el amor propio apareciera en tu vida para quedarse.